高点战略

企业逆势增长之道

董彦峰 王景 著

民主与建设出版社
·北京·

© 民主与建设出版社，2021

图书在版编目（CIP）数据

高点战略：企业逆势增长之道 / 董彦峰，王景著.—北京：民主与建设出版社，2021.8

ISBN 978-7-5139-3670-5

Ⅰ.①高… Ⅱ.①董…②王… Ⅲ.①企业发展—研究—中国 Ⅳ.①F279.23

中国版本图书馆 CIP 数据核字（2021）第 149065 号

高点战略：企业逆势增长之道
GAODIAN ZHANLUE QIYE NISHI ZENGZHANGZHIDAO

著　　者	董彦峰　王景
责任编辑	李保华
封面设计	视觉传达
出版发行	民主与建设出版社有限责任公司
电　　话	（010）59417747　59419778
社　　址	北京市海淀区西三环中路10号望海楼E座7层
邮　　编	100142
印　　刷	香河县宏润印刷有限公司
版　　次	2022年1月第1版
印　　次	2022年1月第1次印刷
开　　本	710毫米×1000毫米　1/16
印　　张	13.5
字　　数	180千字
书　　号	ISBN 978-7-5139-3670-5
定　　价	58.00元

注：如有印、装质量问题，请与出版社联系。

序一

会当凌绝顶，一览众山小

李永平，中国人民大学教授，国内著名战略管理、市场营销管理专家

初识彦峰是在北京大学，他的一本有关普京的新书研讨会上。本以为他是一位历史研究者，后来才知道他是一名企业家，一家品牌咨询公司的老板。他涉猎的广泛和独特的观察视角令我惊叹，不愧是一位优秀的高产作者。

高点战略：升维思考，降维打击。《高点战略：企业逆势增长之道》是作者从居高临下的角度来论述企业战略问题。我们正处在人类历史的伟大转变中，我们正处在民族发展的伟大进程中。任何一个民族、国家、企业要想发展，想立于不败之地，就要顺应时代的潮流，把握正确的方向，站立于时代的前沿，占据竞争的制高点！

新一轮科技革命和产业变革与我国加快转变经济发展方式形成了历史性的交汇点，国际产业分工格局正在重塑之中。如何紧紧抓住这一重大历史机遇，抢占先机，占据制高点，是摆在我们国家、民族以及每一个企业面前的重大课题。

当今世界正面临着前所未有的变革，企业如何寻求危机化解之道？如何持久、获利性地增长？如何制定竞争战略？如何为业绩增长而战？如何为实现差异化而战？

高点战略：企业逆势增长之道

新世纪伊始，智慧机器、大数据、云计算、人工智能、区块链、5G、移动互联网等数字化技术高速发展，日新月异，令人目不暇接。学科的交叉融合加速，新兴学科不断涌现，前沿领域不断延伸。以人工智能、虚拟现实、量子计算、量子通信、物联网、大数据、机器人、纳米技术、生物基因等为代表的新技术推动下的第四次工业革命，正在不断取得更多更新的成果，日益改变着人们的工作和生活方式。新技术带来的新工艺、新产品、新应用，也促使人们产生了新思维、新行为、新模式、新生活。产业数字化、智能化转型正在成为新一轮竞争的制高点！

随着营销环境的巨大变化，在过度拥挤的产业市场中，企业面临着新的竞争，传统管理和经营方式令企业越来越迷茫，已知市场空间的竞争越来越激烈，企业该如何调整自身的发展战略？如何开启新一轮增长呢？

卡尔·冯·克劳塞维茨说过："如果无法获得绝对的优势，你必须灵活运用你现有的力量，在决定性的地点创造相对优势。"在数字经济时代，企业的内外部环境都发生了重大变化，促发产业融合的同时也加快了生活的数字化，内容、技术、数据的功能已经发生了颠覆性变化，数据成为了企业经营至关重要的创新要素。科技的进步，使消费者与品牌之间的连接方式变得不同。

在这个急剧变化的时代，商场如战场，商场上的每个人都迫切希望找到压倒竞争对手并获得长期利润的方法，那么此时就需要有自己的战略。战略是组织一个企业开展活动、实现目标的规划和行动方式。好战略的关键点在于创造新市场、新产品及新产业。与其说战略是争取现有行业的市场份额，不如说它是争取未来的产业。

那么，如何争取未来的产业？如何在未来的商业竞争中逢山开路、遇水搭桥、游刃有余，还是要谈战略。希望董彦峰和王景二人的《高点战略：企业逆势增长之道》一书能为我们带来不同角度的观察和思考——在市场和行业发展的制高点上来思考战略。在这本书中作者对我们所熟知的许多成功的战略定律提出挑战，认为流连于过去的竞争之中，将难以创造未来的获利性增长。作者提出：要摆脱困局，赢得明天，企业不能只靠与对手竞争，而是要开创"高点"，即开创新的战略制高点——一种新的"价值创新"。这种以"价值创新"为内核的战略行动能够为企业和买方创造价值的飞跃，使企业摆脱竞争对手，并将新的需求释放出来。

《高点战略：企业逆势增长之道》一书为我们在新市场环境下的思考提供了一种新的角度。作者通过对各种战略行动的分析，提出了成功制定和执行高点战略的法则。当然，这本书中还有许多方面值得我们继续探讨，虽然它出自现行企业实战，但其中的许多观点也还是需要探讨和商榷的。

序二

未来之争，皆制高点之争
王景，北京南洋投资控股有限公司合伙人

当今世界，新一代信息技术迅猛发展，同时与制造业深度融合，引发了一场影响深远的产业变革，进而形成了新的生产方式、产业形态、商业模式和经济增长点。各国都在加大科技创新力度，在推动5G、移动互联网、云计算、大数据、区块链、生物工程、新能源、新材料等领域取得新突破。当前，全球产业竞争格局正在发生重大调整，新一代信息技术创新活力和应用潜能裂变式释放，正在引发多领域系统性、革命性、群体性的技术突破，驱使产业发展迈向万物互联、数据驱动、软件定义、平台支撑、智能主导的新阶段。企业如何抓住机遇，抢占先机，占据新一轮产业竞争与变革的制高点，是摆在我们面前的重大课题。

未来，我们拿什么抢占竞争制高点？

当前，经济数字化转型已是大势所趋，一切可数字化的资源要素都在加速互联。通信网络的升级、软件系统的推广、智能终端的普及以及各类传感器的使用，促进了人、机、物的泛在连接，使得产品与生产设备之间、不同的生产设备之间以及数字世界和物理世界之间能够实时联通、相互识别和有效交流。

数据正成为一种新的资源和生产要素。随着万物互联的不断深入，几乎所有生产装备、感知设备、联网终端甚至生产者本身都在源源不断地产生数据，承载着大量信息数据的同时，沿着价值导向自由流动，也带动了资金、技术、人才等资源要素的优化配置。

智能化成了经济各领域的主要运行模式。互联网平台支撑着新型产业的生态结构。人工智能等新技术加速向研发、生产、管理、服务等环节渗透，正在构建一套基于数据自动流动的状态感知、实时分析、科学决策、精准执行的闭环赋能体系，逐步形成了从局部向系统再向全局、从单环节向多环节再向全流程、从单企业向产业链再向产业生态发展的智能运行体系。

产业数字化、智能化转型正在成为抢占全球竞争制高点的新方向！

我们可以看到，每一次技术革命，必将带来生产力的巨大进步，每一次技术革命，也必将孕育出一批巨型公司，从工业时代的福特、通用电气、埃克森美孚，到信息时代的IBM、英特尔、微软，再到数字化时代的苹果、谷歌、亚马逊，都是科技进步结出的丰硕成果。这些行业巨头都在不断追求卓越，顺应时代和科技发展的趋势，准确地把握科技发展的方向，从而占领行业的制高点，成就了伟大的企业。而随着移动互联网时代的来临，航空公司的颠覆者是无人机，银行的颠覆者来自比特币、支付宝等外部公司，电信行业的颠覆者不是来自手机、移动通信网络，而是来自无线网。汽车的颠覆者不是来自汽车，而是特斯拉，带轮子的计算机。上述种种技术、模式等都在颠覆着现有企业发展模式。

那么在新一轮产业数字化、智能化变革的主旋律下，中国的企业应当如何把握时代的趋势、顺应市场发展的潮流、占据企业未来发展的制高点呢？

抢占竞争制高点要有自己的战略

关于战略，苹果前CEO斯卡利提出了抽象（zoom in）和聚焦（zoom out），前者指从战略高度看整个行业方向，后者指把每个细节做到极致。既能看大局，

序二 未来之争，皆制高点之争

又能沉下去。

开放性和封闭性对人们思维的锻炼是不同的，前者强在方向，后者强在执行。在今天的大环境中，执行力被普遍认为很重要的前提下，战略方向的正确与否反而成了企业经营中较为薄弱的环节。

中国企业反复强调执行，执行很重要，但执行不是全部，它只是企业的基本功。在执行非常重要的前提下，必须要找到一个正确的方向，有一整套正确的打法，这才是战略本身的意义。而抢占战略制高点，则显得尤其重要。

许多世界500强企业，往往能有一个长远的战略规划，同时能够建立起很好的视野和系统，在这样的视野和系统下，可以进一步通过强有力的执行来取胜。

战略制定的重要性远远大于执行。我们必须有这样的认知：思考整个方向和商业模式的重要度，要远远大于思考执行的重要度。制定战略，从一开始就要有正确的方向，一开始就要占据制高点。

那么，回归原点，到底什么才是战略？

战略，是一种从全局考虑、谋划实现全局目标的规划，而战术只是实现战略的手段之一。实现战略制胜，往往要牺牲部分利益。战略是一种长远的规划，是远大的目标。规划战略、制定战略、实现战略目标需要全局性考虑，需要一定的时间来完成。争一时之长短，用战术就可以达到。但要"争一世之雌雄"，就需要从全局来做规划。例如，《中国制造2025》就是战略。它是由国务院于2015年5月印发的全面推进实施制造强国的战略文件，是中国实施制造强国战略第一个十年的行动纲领。仅仅聚焦于某一个点或非全局片面性的思考维度，就不能叫战略。比如：定位，爆品战略，极致产品，产品思维，抢占心智，或某种商业模式等，它们只是一种战术手段而已。

在高维度的三体人眼里，钻木取火和航天发动机没有本质的区别，都在同一个维度。就像他们对人类说的那句："你们都是虫子！"

因此，企业家要站在一个更高的维度来看问题——在比别人更高的维度上找到方向，占据某个制高点，执行的时候就会比别人更专注、更极致、更快！

例如，小米科技已是世界500强企业，小米从开打之初，就有自己的一套周密打法，谋定而后动。手机业务是小米的起点，也是小米生态链的基石。虽然小米着力发展IoT消费品，但小米通过手机积累了第一批粉丝。小米手机除了追求性价比，还通过MIX系列连续布局多项前沿科技，并持续走发烧路线。在产品线设计上，适时推出千元机系列及高端旗舰机，丰富了产品线。小米的经营理念不同于一般手机企业，是与粉丝做朋友，其硬件业务通过高性价比和创新力吸引粉丝，形成硬件生态链。

由此可见，小米的市场容量，打法，切入点，在开打之初就已经想得很清楚了。小米手机出来时，许多手机厂商不以为然。他们认为雷军没有做过手机，没有经验。但实际上，雷军早已站在更高的维度上看清了方向。小米的定位是以手机、智能硬件和IoT平台为核心的互联网公司。自2012年起，顺应物联网时代潮流，小米开始布局物联网硬件生态圈，先后推出智能电视、笔记本电脑、小米路由器、AI音响、移动手环、空气净化器、净水器、扫地机器人等物流网硬件产品，小米的互联网生态圈逐渐形成。小米智能手机终端搭载自主研发的MIUI操作系统。MIUI是小米生态系统的核心组成部分，基于手机终端、MIUI以及各种移动互联网应用，小米为用户提供了丰富的互联网服务产品，包括小米应用商店、小米浏览器、小米视频和小米音乐等。小米其实在开打之初便已占据了有利局势，这就是"制高点战略"。

前言

从 1840 年至今，在现代工业文明的冲击下，中国社会开始了艰难的转型，在穿越"历史三峡"的过程中历经坎坷，在黑暗中不断探索，从未止步。

历经几代人脚踏实地的努力，中国人从站起来、富起来到强起来。

从 1978 年到今天，中国社会发生了巨大变化。

今天的中国经济同全球产业链的一体化程度的融合越来越深，我们给全球经济带来巨大新生力量的同时，也深刻地改变着全球的经济结构、产业版图和地缘政治。中国回归世界舞台，是这个时代的必然趋势。

而今天的世界，还在被技术进步深刻影响着。互联网、人工智能、区块链、5G……新鲜事物不断涌现，思维方式更迭换代，巨大的不确定性充斥着这个时代。

21 世纪是数据世纪。围绕数据而产生、发展的各种技术，不论是人工智能还是无人驾驶，都将对人类生活产生巨大而深远的影响。

2017 年，"慧眼"卫星遨游太空，首艘国产航母下水，华为以全球品牌为中国带来声誉，小米突破千亿元营收。这一年，中国在迈向全球化的道路上突飞猛进。在成绩的背后，是巨大科技创新的力量，是品质的坚守。只有"用望远镜看创新，用显微镜看品质"，才能实现突破、重生。创新决定了你能飞多高，而品质则会决定你能走多远。无论国家还是企业，**概莫能外**。

2018 年 2 月 7 日，伊隆·马斯克创立的 SpaceX 成功发射了最强火箭"重型猎鹰"（Falcon Heavy），并将一辆搭载着假人的特斯拉跑车 Roadstar 发射至外太空。

两天后，假人和跑车驶离了地球的视线，开启漫长而孤独的宇宙之旅，在太阳系深处的小行星一带周边遨游。"钢铁侠"此举令人类离移民火星又近了一大步！

把曾经吹过的牛变成现实是怎样的体验——伊隆·马斯克或许是这个问题最好的回答者。

而这背后，是辛劳与汗水，是激情与梦想，更是创新的环境与土壤，才会开出如此璀璨的科技之花！

改革开放40多年来，中国经济持续增长。2010年，中国的经济总量超过日本，成为第二大经济体。当时，全球媒体都在热议，什么时候中国经济的总量会超过美国？"修昔底德陷阱"也在那时成为了一个热词。

同时，商业领域的竞争与变革也越来越激烈，物竞天择适者生存，只有高适应度的"物种"才能存活下来。因此，企业只有不断寻找发展进程中的战略制高点，才能与时俱进，立于不败之地。

目前，我们正在经历一场前所未有的重大变局，但不管遭遇何等困难，都不能阻拦时代前进的步伐。当前，风起云涌的智能化及互联网大潮带来了广阔的商业前景，企业的产品形态、商业模式、经营理念、组织架构等都将经历转型的重大考验，也终将被重新定义。

我们应该看到，人类文明进程的每一次重大飞跃，都是对固有边界的突破。我们通过发现边界与定义边界，将未知转化为已知，又通过对边界的突破，对未来进一步探索，实现社会发展进程的飞跃。

蒸汽机的发明，突破了人力的边界，把人类社会带入工业时代；电力的广泛应用，打破了人类生产与生活的动力边界，人类历史从此由蒸汽时代跨入电气时代；计算机与互联网的发明，突破了人类脑力的边界，掀开信息时代序幕。那么，在信息时代序幕拉开之际，在风起云涌的智能化及互联网大潮面前，我们又该如何安身立命、弄潮儿向涛头立，手把红旗旗不湿呢？答案就是——占据高点，实施高点战略！

目录

第一章 危机中求转机

直面危机 / 2

增强免疫力 / 4

成于危机 / 6

【案例】海底捞"生死大考" / 10

【案例】东阿阿胶：借文化营销突围 / 15

第二章 洞察趋势，抢占高点

圈层崛起，"Z世代"降临 / 22

"跨次元"价值凸显 / 24

消费升级：新精致主义 / 27

媒体进入综合社交化时代 / 28

新商业时代的价值嬗变 / 30

5G时代营销新高点 / 32

【案例】B站跨年晚会：突破"次元壁" / 36

【案例】字节跳动：抢占流量高点 / 40

第三章　高点决定成败

企业最坚实的护城河 / 50

溢价能力及话语权 / 62

战略制高点 / 67

占据高点，把控未来 / 74

【案例】小米高点战略：布局新零售 / 82

【反面案例】瑞幸：资本驱动下的盲目逐利 / 88

第四章　构建高点战略

第一性原理 / 98

摆脱方向迷失 / 102

打破游戏规则 / 108

寻求高速增长 / 110

【案例】老板电器"新品类"高点战略 / 118

【案例】突破流量护城河，拼多多快速崛起 / 126

第五章　四大关键路径

路径一：高点占位——长板决定上限 / 144

路径二：赛道重置——变道超车 / 147

路径三：降维打击——"毁灭你，与你何干" / 149

路径四：单点穿透——伤十指，不如断一指 / 154

【案例】TCL 开辟新赛道，占据行业高点 / 156

【案例】芒果 TV：开创互联网电视"明星定制"新模式 / 161

第六章 实施高点战略

市场做细——寻找小趋势、小切口 / 168

场景再造——重新定义"人·场·货" / 172

产品极致化——战略新品 / 174

极致符号——超级 IP / 177

抢占心智——成为首选 / 180

重构营销——超级粉销 / 182

超级链接——私域流量 / 186

引爆市场——细分冠军 / 188

【案例】耐克数字化高点战略 / 189

【案例】四季沐歌"品牌高点" / 195

参考文献 / 198

第一章
危机中求转机

任何不能杀死你的,都会使你更强大。

——尼采

直面危机

2020年,无论是企业还是个人,都面临着一场严峻的考验。

从总需求来看,消费、投资、出口这三驾马车均受到了冲击,消费需求也大幅降低。生产无法及时开展,制造业、房地产、基建投资短期内处于停滞。原材料、劳动力等生产要素流通受阻,物流、生产、销售、回款等正常经营活动都受到了严重影响。

拥有600多家门店的西贝贾国龙说,只发得起员工3个月工资、眉州东坡王刚称春节退订直接损失1700万元。老乡鸡的董事长束从轩也谈到过他800多家直营门店的损失:在初一到初七几天的时间内损失达2000多万元。

外围环境发生突变时,生存下来的并非最强大的物种,谁能够适应新的环境,并顺势进化出新的功能,谁就能活下来。

1936年美国经济大萧条时期,IBM成功地度过了危机,那时美国市场陷入了停滞,它为了让员工持续工作,不得不彻底改变自己,转战海外市场,并由此成了一家全球性公司。

1997年亚洲金融风暴,三星成功获得重生,一跃成为世界知名电子品牌,这得益于三星公司会长李健熙对企业做出的变革,还有"除了妻儿,一切皆变"的决心和行动,让三星从危机中崛起。

经历了2000年网络泡沫的腾讯和阿里巴巴,都深知只有自我变革,才能从逆境中崛起。今天，腾讯和阿里巴巴已经成为全球市值前十名的两家中国企业。一直以危机驱动成长的华为，更是不断变革自我，一跃成为全球通信领域的佼佼者。

2003年，非典导致了众多企业倒闭，但也成就了呷哺呷哺的一人小火锅。非典后来扩散至东南亚乃至全球，直到2003年中期疫情才结束。那场对抗非典的战役，使全国餐饮业受到了重创，却意外地给"呷哺呷哺"带来了发展契机。

受中国台湾电磁炉加热的吧台式火锅启发，1998年"呷哺呷哺"以购买的几十台电磁炉，在北京西单开了自己的第一家店。刚开业之初的"呷哺呷哺"因不符合北方人饮食习惯，在很长的时间里处于亏损状态，一天竟卖不出3锅，几个月下来销量还不到60锅。

2003年的非典给"呷哺呷哺"带来了契机，1039北京交通广播里打出的广告——"一人一锅，非典染不上"，"今天你呷哺了吗？"，使来店就餐的人与日俱增，创下了日客流量2000位的就餐纪录。

当下的疫情给企业带来危机的同时，也给互联网应用制造了全面下沉的机会。这两年大家都在讲，五环内的战争已经结束了，都在思考怎么样去打赢五环外的战争。那么市场全面下沉会导致什么？很多低频的专业应用、在线娱乐和优质内容会因此爆发。在线医疗、在线教育、在线办公，从远程的协同到需求的激发，都是此次疫情所催生出来的。现在大多数老年人已经解锁了抢购生鲜蔬菜的技能，还有越来越多的人群解锁了在线问诊、在线教育、在线办公的技能。

很多人了解疫情都是源于社交媒体的小程序。小程序已经成为一个商业配套的基础设施，很多新闻App程序成为了大家了解外界的重要入口。

疫情，让我们用一种特殊的方式，理解了不确定性、非连续性以及不可预测性。疫情倒逼企业进化，企业要想在危机中崛起，就不得不改变传统思维和盈利模式，重新梳理和消费者的关系，重新审视自身的品牌，选择适时的品牌策略助力企业化危为机。每一次重大危机，通常都会加剧行业重新洗牌，行业的品牌集中度会进一步提升，在品牌中排行第一第二的两个品牌甚至可以占据行业60%以上的市场份额。

增强免疫力

危机之下，线下生意更加冷清，以房地产销售为例，如何通过线上蓄客卖房，成为各大房企需要面对的问题。不少房企通过自建App、小程序等渠道手段提供线上看房服务，对于曾在售楼处实地看过楼盘的高意向客户，开启了线上签约模式，为用户提前锁定房源。通过VR/AR技术以更逼真与清晰的视角，全方位展现线下空间，并在看房的同时，通过连接消费者与置业顾问、经纪人，加强互动性，使看房与解惑两不误。开启线上VR看房、直播看房模式，房地产搭建"线上售楼处"成为房企增强免疫力的重要手段。

除此之外，不少企业还选择通过"流量带房"。借助网红直播引领看房，将项目区位、配套、装修以及与周边项目的对比情况介绍给"粉丝"。短期来看，线上营销对促成最终成交的作用有限。但长期来看，线上营销能为企业提供如何搭建"线上售楼处"的系统性思路。

与此同时，不少教育培训类机构，加大了线上直播获客投入。依托视频平台强大的流量入口与互动功能，使多样化的优质的教学课程可以传递给更多有需求的用户，为用户带来体验感较强的教学内容。

例如，百度好看视频新增了大量优质内容生产者。依托于百度 AI 与大数据技术，好看视频可以为用户匹配优质内容，让品牌与用户高效连接。同时通过百度 App 内嵌的入口进行引流，为品牌带来更多关注。包括百度北京营销中心也推出了营销系列在线课程，聚焦热点和时效性的专业内容，黏附了大量的市场营销人群。此外还分析各个行业所面临的挑战与机会，为企业提供营销策略与建议，帮助企业找到发展的突破口。

目前，互联网医疗也迎来了新的契机，从流量资源到医生资源，再到技术资源，在线医疗机构与互联网的联合，通过整合多方优质资源，形成了从疾病预防、健康知识获取，再到线上咨询的生态闭环，打造出了一站式的健康服务体系。

"无接触"的诉求，让"无人售货"再次受到市场关注，被不少消费者接纳。很多零售企业推出了"无接触"方式配送货物，这不仅可以给用户提供安全的生活保障，还降低了自身经营的风险，保证了企业经营的正常运转。

一些线下商场也开启了线上服务，通过线上商城、在线"直播间"、社群等营销模式，全方位地为消费者展现产品，通过促销活动等方式激发消费者的购买需求，从而提高了售卖效果。如华润万家、沃尔玛、益丰大药房等大型超市和药店，与百度地图联合，通过百度小程序为用户提供线上选购商品的服务。采用线上购买方式，既减少了病毒感染风险，同时又可以通过百度地图的大流量入口，辐射到更多的潜在用户。

当企业处于较大系统性风险事件中，全渠道辐射销售的必要性就会凸显出来。越是能拥有更多渠道或是快速反应建立线上渠道的品牌，抗击风险时的抵御能力就越强。而相反，一些没有运营线上业务，或没有线上平台的企业，很难在危机来临时迅速建立销售渠道来进行获客。

随着线上直播、社群销售模式的崛起、发展和不断成熟，更多线上、线下融合创新的销售模式成为零售销售手段的主流。

此次疫情对零售业未来的发展产生了重要影响。线上线下的界限加速弱化，消费者新的消费习惯正在逐步养成，企业应加强更多技术平台合作支持，增强线上用户运营能力，抓住发展机会。

面对未来发展趋势，以及可能出现的"危机"，面对可能因为外在环境变化而改变的用户生活方式、消费行为，如何提升企业随机应变、转危为安的能力，同时抓住新的发展机会？无论是市场营销人，还是企业掌舵人，都需要进行深思。

成于危机

事实上，在每一次危机当中，都会涌现出一批成功的企业。这些经历了数次变革、度过了各种危机、依然保持旺盛生命力的企业，更值得人们尊敬。它们都有一个共同的特征：在危机中增强信心，在危机中彻底自我变革。

如今的企业家，尤其是民营企业家，一个个战战兢兢，如履薄冰，生怕一招不慎，跌入深渊，陷入万劫不复之境。当萧条的风暴席卷而来之际，如何自我变革转危为机？如何在风暴中执掌经营之舵呢？

正如北大教授陈春花所言，只有那些正确认知危机并做出彻底改变的企业，才能转危为机，成为真正的强者。有CEO给自己打气：任何一次萧条，都是自我发展，或追赶对手，或超越对手的好机会！所以，好企业，更容易成于危机！

稻盛和夫在《萧条中飞跃的大智慧》的演讲中，提到了京瓷集团在逆境中飞跃的经验，针对经济萧条等危机提出了1个预防策略和5个应对策略，这对身处困境的中国企业家或多或少有一些启发。

稻盛和夫提出的第一条对策就是全员营销。通过全员营销，让大家意识到，即便是拥有最尖端技术的企业，卖东西、销售产品依旧是企业经营的根本。

对策二，全力开发新产品。不仅是技术开发部门，营销、生产、市场调查等部门也要积极参与，全公司团结一致共同开发。

对策三，彻底削减成本。危机使竞争加剧，企业面临订单减少、单价下降，这时要想维持盈利，就必须彻底削减成本，成本的下降程度要大于售价的下降程度。他认为要努力通过降低产品成本来降低整个企业的盈亏平衡点，就算销售额减半仍可以做出利润。

对策四，保持高生产率。他认为，在面临危机减产的情况下，应该把多余的人从生产线上撤下来，维持制造现场的紧张气氛。石油危机发生时，稻盛和夫就决定，如果把订单降至1/3，那么制造现场的人员也减至1/3，剩下的2/3的人员从生产线上撤下来，让他们去从事生产设备的维修、墙壁的粉刷、花坛的整修等工厂环境的美化工作。同时举办哲学培训班，让员工们重新从基础开始学习其经营哲学。

对策五，构建良好的人际关系。危机是构建企业内部良好人际关系的机会。当危机来临时，劳资关系往往会出现不和谐的声音。比如，企业提出减少部分工资,此时和谐的劳资关系就会变得紧张、对立。从这个意义上讲,危机就是考验劳资关系的试金石。危机是调整和再建企业良好人际关系的绝好机会,应趁此机会努力营造更优良的企业风气。

稻盛和夫认为,正是因为京瓷认真实践了1条预防策略和5项对策,之后不但度过了多次经济萧条,而且每一次突破萧条的困境,都巩固并强化了企业的经营基础,使京瓷能够顺利成长。正如春天的樱花,冬天越是严寒,春天越是烂漫。作为企业和个人也是一样,我们要把逆境化为动力,实现更大的飞跃。

以蒂芙尼为例,这家企业曾经深陷营业困境。然而,危机并没有击垮这个企业,而是促使该企业反思、转型。

蒂芙尼以其悠久的历史和华丽的设计著称,是美国设计的象征之一。然而这一风靡了近两个世纪之久的奢侈品品牌,在移动互联网时代出现了衰退。2015年,蒂芙尼出现了五年以来的首次销量下跌,关闭了11家门店。蒂芙尼的增长困局主要有两个原因:一是被年青一代的消费者看作不同时代的奢侈品;二是忽视了电商渠道和营销。因此蒂芙尼针对这两大痛点,进行了大胆变革。

2018年8月,蒂芙尼经过调整,终于结束了七个季度的持续亏损状态。蒂芙尼突破了奢侈品的困局,为该品牌在电商时代的发展带来了新的启示。

蒂芙尼将目标锁定在"新一代奢华珠宝品牌"(The Next Generation Luxury Jeweler),而这个"新"的一个重要着眼点就体现在"全渠道营销"上。

蒂芙尼不是盲目地去做线上奢侈品销售,而是把线上的营销渠道作为"全渠道营销"的一环。早在2016年,蒂芙尼就尝试与奢侈品电商Net-a-

Porter合作，在其平台出售部分产品。而蒂芙尼随后的"全渠道营销"战略，是立足于线下的场景支撑，以及百年品牌声誉基础上，进行的线上线下的协同销售。

首先，在线上蒂芙尼与天猫Luxury Pavilion合作推出了轻模式的快闪店，为的是让品牌触达更广泛的目标消费群体，为新品造势，以更轻的形态、更轻快的线上营销模式为用户服务；其次，邀请消费者参与线下品牌活动，让用户实际体验品牌的线下服务。

不仅如此，蒂芙尼的"全渠道营销"战略也在不断加深与用户之间的交流。在2018年7月，蒂芙尼在伦敦开办了第一家Covent Garden体验店，为消费者提供独特和创新的零售体验。这家概念店旨在以独特的设计激发与顾客间的创意性互动、鼓励顾客的自我表达。

这家概念店坐落于Covent Garden商业区的St.James街，占地面积约2100平方英尺。该地区是伦敦创新事物的集合地，这里会举办表演、装置艺术展以及动漫展等多元活动。蒂芙尼官方表示这个区域比起商务活动更注重创新的氛围，所以更利于品牌制造创新的零售体验。

"我们正在整合独特的、具有娱乐性质的店内装置，来展现蒂芙尼的设计智慧与幽默，创造一个独一无二的体验目的地。"蒂芙尼副总裁理查德·莫尔指出。

通过"全渠道营销"，蒂芙尼近年来积极拥抱新潮流，为用户的新需求做出改变。

面对中国市场，蒂芙尼选择"快闪店"的形式在线上销售，通过高效路径收集相关数据，精准获取中国市场用户画像，为品牌未来正式布局线上销售铺路。

2018年的"520"，蒂芙尼再次推出了限时精品店，发售Modern Keys

特别推荐款。这一次，蒂芙尼将精品店开在了小程序，用户从朋友圈广告可直接跳转至精品店，从产品浏览、一键下单到微信支付，整个流程一步到位，大大缩短了转化链条，销售转化亦有明显地提升。

【案例】海底捞"生死大考"

火锅业的领军企业海底捞，于2018年9月26日登陆香港交易所，市值一举突破千亿港元，成为全球第5大餐饮企业，其市值是第一家在香港上市的火锅店——呷哺呷哺的9倍。

从四张桌子的小店，发展成为全球中式餐饮市场第一名。一天5次翻台率，年服务客户1.6亿人次，会员人数4000万。全国有430家，全球有466家，均属直营店。在中国本土餐饮行业里，真正以餐饮为主业的上市公司寥寥无几，更何况静态市盈率达到60倍以上。自1994年创立至今，海底捞坚持全直营模式，以超预期的优质服务见长，在市场中积累了广泛且持续的良好口碑。

因受疫情影响，面临"生死大考"，海底捞从中信银行北京分行和百信银行共获得信贷资金21亿元。在危机状态下，大多数餐企都遭遇了现金流问题，但像海底捞、西贝等能拿到贷款的大品牌却寥寥无几。

中信建投曾表示："海底捞若停业时间为15天、年末门店总数达1000家，海底捞2020年的营收损失50.4亿元，归母净利润损失约5.8亿元。如果停业时间进一步延长，损失程度还将进一步加大。"

应对危机的六条"护城河"

第一，品质。

要问海底捞的核心竞争力是什么？想必许多人会说是服务。然而对于餐饮行业，仅仅有服务是远远不够的。让客户复购的第一要素永远是口味和品质。稳定的品质得益于海底捞从原料入手，保证食材的高品质。

第二，完整的供应链体系。

从火锅产业链看，上游主要为食材采购、仓储和运输等；中游为火锅底料、蘸料和调味料生产；下游主要是火锅餐厅和其他配套的多元服务。

海底捞通过将内部部分业务部门拆分出来或投资设立等方式，形成了产业链上中下游的关联公司，由此构建了一个庞大的产业帝国，几乎遍布了火锅产业链的所有环节，形成了自己的竞争优势。

这些关联公司整合在一起，一方面，可以更有效地控制食材质量和供应效率，保证海底捞稳定的品质，同时也打造了兼具效率和成本的供应链。另一方面，使海底捞形成了独特的生态体系。这套体系在未来海底捞发展新店时，可以直接输出。比如在海底捞公告有意收购"汉舍中国菜"及"Hao Noodles"品牌餐饮业务时，海底捞的下游公司就可以直接对接新业务。

海底捞火锅底料公司颐海国际，早于海底捞餐厅在2016年就已经在港股上市。海底捞不单是一家连锁火锅店，而是扎根于整个火锅产业链的集团，从田间收购到餐桌，涉及整个产业链。

第三，"极致变态"的服务。

海底捞的服务有口皆碑，免费美甲、免费发圈、叠千纸鹤、送小朋友小玩具……海底捞的花式服务，大概只有顾客想不到，没有他们办不到。

海底捞有一套独特的员工管理模式——以人本位和分权思想为核心的家庭式管理。在海底捞，员工是重要的资产，其工资高于同业。海底捞企业对员工充分信任，其标志就是授权。董事长张勇的签字权是100万元以上。100万元以下是由副总、财务总监和大区经理负责，店长也有3万元的签字权。

海底捞的分权思想，体现在独特的师徒制和家族形式。师徒制是指店长要带徒弟，带徒弟的店长不仅可以对本店享有业绩提成，还能在其徒弟、徒孙管理的门店中获得更高比例业绩提成。

在这种薪酬体系的刺激下，店长不仅有充分的动力管理好自己的门店，还会坚持公平公正的原则，尽可能多地培养出能力强的徒弟店长。

在海底捞的家庭式管理模式下，员工拥有极强的忠诚度，有很高的工作积极性。目前我国餐饮业的平均流动率在20%~25%之间，而海底捞仅仅在10%以内。可以说海底捞的经营模式是其得以自下而上发展的核心，是其实现裂变式增长的重要原因。

第四，人才管理和激励机制。

海底捞有一套完整的人才激励机制，专门建立了人才培养中心——海底捞大学，为门店储备干部，让员工脱产培训，学习制度制定和实操案例。海底捞针对基层员工有一条明确的晋升路线，在这里，员工能看到自己的未来。海底捞采用扁平化管理方式，门店享有较大的自主权，甚至连服务员都有权决定对消费者免单。这样的分工能够调动门店的积极性，更好地为顾客服务。

第五，低租金成本。

海底捞成功的关键之一就是低租金，在全球开了596家门店，租金成本每月才1000多万元。

疫情防控期间，王健林率先宣布，万达集团免去旗下323个万达广场的租户租金，总计36天的租金。这一段时间，许多人也在呼吁房东们减租或者降租。对于开实体店的人来说，租金确实是一个非常大的成本。租金的成本一般占到实体店总成本的3成以上，甚至更高。现在生意不好了，租金成本就成了巨大压力。

海底捞堪称非常特殊的餐饮公司。一般来说租金是餐饮连锁企业非常大的成本。但海底捞的租金成本却很低。从2019年的中报来看，海底捞2019年上半年的租金成本才占到117亿元营收的0.8%，换算下来才9000千多万元。

海底捞目前已经有596家门店，半年的营收高达117亿元，利润高达9.8亿元，租金成本却才9000多万元，平均下来一家门店半年的租金才100多万元。也就是说，海底捞每一家门店每一个月的租金才20万元左右。

海底捞为何可以花这么少的租金，租到这么好的地方呢？其实最重要就是品牌效应了。多年之前，一本《你学不会的海底捞》让海底捞走上了神坛，多年来海底捞强势的服务已经打造了一个非常好的自带流量的品牌口碑。

第六，强大的品牌力。

对于许多城市综合体来说，海底捞几乎成了标配。为何许多城市综合体都对海底捞求之不得呢？从城市综合体的运营角度来说，特别是新的城市综合体，最需要的就是人流量。海底捞因为其强大的品牌力，因此自带流量，这一特性就使它与城市综合体的合作关系发生了改变。许多商家都得靠商场带来流量，而海底捞却是给一些商场带去人流量。一般而言，一些位置不是很好的商场，都会有各种免租或者优惠租金的政策给到一些特别大的品牌。他们会先以此来吸引一些强势品牌入驻，然后再吸引一些中低端品牌入驻。

由于品牌优势，所以海底捞在许多商场都可以获得免租或租金优惠政策。这也就是刚才提到的海底捞租金成本非常低的原因。

当然，品牌的建设不是一天两天就能完成的，需要长期的努力。品牌也不是单纯通过广告来形成的，而是通过每一个海底捞的品质、供应链、服务、管理体系以及员工跟客户的关系等组合因素形成合力而成的。

独特的智慧餐厅：人情味与智能化并存

区别于普通的自助餐厅，海底捞智慧餐厅的"自助"来源于"智能"，并且，海底捞无人智慧餐厅并非真的"无人"，相反，智慧餐厅里的服务员还很热情。

一边享受"无微不至"，一边又希望"无人打扰"，面对这样的"两极分化"，餐饮人真的要感慨一句"我太难了"。那么，"无微不至"与"无人打扰"中间的"度"又该如何把握呢？不妨从以下维度着手，去打造"恰到好处"的服务。

有社交恐惧，一出门就想"隐身"的顾客完全可以通过智能点单设备、送菜小机器人等自助完成消费流程；而有的顾客则喜欢听服务员讲解一下店里的黑科技……智能，让顾客可以在各种服务场景下自由转换；智能化，也正在成为各大餐厅减少人工、提升服务的一大举措。

值得一提的是，海底捞将"拉面大师"带进了智慧餐厅。现在"拉面大师"已经成为不折不扣的"网红",经常出现在各大社交网络里,还有不少顾客慕名而来,要求师傅现场"抖"上一锅,这都源于人们对新奇事物的本能关注度。近几年,因为舞台表演、趣味互动而名声大噪的餐厅并不鲜见,新奇的内容亦是将服务打造成特色的一大手段。

就餐的"美",不仅反映于食材与餐品本身,还反映于摆盘、餐厅场景、就餐氛围等"外在包装",这些带来的正是现代人越来越重视的"仪式感"。

根据海底捞《2019年智慧餐厅选址招募书》显示,2018年已经有41家不同自动化级别的智慧餐厅。智慧餐厅使用机器人在后厨配菜、出菜、传菜,将门店总人员至少缩减了20%,一个机器人月成本平摊下来只需要3000元左右,价格只有人工的一半。按传统门店100~150人,使用机器人改造能减少30人左右,去除机器人年平摊费用,不算员工食宿,一年每个店能节省工资108万元。

【案例】东阿阿胶:借文化营销突围

"至暗时刻"

自2018年年底开始,曾被市场誉为"药中茅台"的东阿阿胶,业绩屡屡被拉下神坛。2018年,东阿阿胶全年实现营业收入73.4亿元,同比减少0.46%，净利润20.8亿元，同比微增1.98%，终结了连续12年增长的业绩神话，远不及市场预期。2019年10月30日，东阿阿胶发布的三季度报告显示，2019年前三季度，公司实现营业收入28.3亿元，同比减少35.45%，净利润2.09亿元，同比减少82.95%。其中，第三季度，营业收入同比下滑32.79%，净利润同比下降95.61%，扣非净利润亏损457万元。

虽然此前东阿阿胶面临着业绩下滑、渠道乱价、董事长离职等现状，但在东阿阿胶高速发展的十几年里，所积累的成功抢占"文化营销"战略制高点的做法仍然值得学习。

此外，经过公司战略重心的调整，东阿阿胶2020年扭亏为盈，营业收入34.09亿元，同比增长14.79%，净利润4097万元。

"价值回归"

东阿阿胶有两个国家级保密工艺，一个是阿胶（福字阿胶），一个是复方配方（复方阿胶浆），都是国家级非物质文化遗产。

2002—2005年，东阿阿胶几乎陷入了停滞不前的困境，面临原料驴皮短缺、产品被边缘化等严峻问题，为了盈利增长又涉入了多元化发展的业务，但实际上效果并不明显。

滋补有三宝，阿胶、人参、鹿茸。阿胶在止血、促进钙吸收、抗休克、预防和治疗进行性肌营养障碍等方面均有独特疗效，被视为天然高级滋补养生珍品。作为全国最大的阿胶品牌，东阿阿胶建立了自己的民族品牌文化。

东阿阿胶文化营销即是撬动这个庞大市场的有力杠杆。东阿阿胶陆续建立起滋补文化、美容文化、学术文化三大阿胶文化体系，梳理出阿胶方剂谱、阿胶族谱、中医理论谱、医家传承谱、本草谱、工艺商业谱、消费文化谱等多条文化谱系，使阿胶的中医药演变文化脉络更加清晰，并为此建设完善了中国阿胶博物馆。

"价值回归"是东阿阿胶制定的一项重要战略。

自2006年以来，东阿阿胶取消了啤酒、医疗器械、印刷、医药商业等多元化的业务，将战略聚焦于阿胶行业，对产品提价并进行品牌营销。东阿阿胶通过文化营销——三千年的阿胶文化、六百年的桃花姬文化、四百年的复方阿胶浆文化，逐渐在客户的心目中树立了阿胶滋补养颜的高端形象，强化了东阿阿胶的品牌影响力。

东阿阿胶通过聚焦主业、产品重新定位以及文化营销，走出了阿胶行业混沌的价格乱战期，阿胶从边缘品类上升到主流品类。东阿阿胶占据了行业的高位，阿胶行业也从2006年的完全竞争市场到目前双寡头的格局。

据资料显示，此前公司面临着一系列的问题，原料驴皮资源短缺、战略不清、业务多元、资源分散、增长乏力等。更为致命的是，随着阿胶走向老龄化和低端化道路，整个品类都被边缘化。当年，全国的阿胶企业从20世纪80年代的50多家骤减到只剩2家。基于此，东阿阿胶选择了战略定位的市场运营，同时还启动了"阿胶的文化营销和价值回归工程"。

"战略定位"，一是聚焦阿胶主业，剥离以往的十几个副业；二是阿胶产品的定位转型，从"补血圣品"到"滋养国宝"。

东阿阿胶、同仁堂、云南白药、片仔癀，这是生产传统中药的四大家族。同仁堂三百多年的历史，云南白药一百年的历史，片仔癀四百多年的历史，而东阿阿胶最大的优势在于近三千年的历史。

东阿阿胶选用天然饲养之驴皮，汲取东阿之水，从战略层面来进行规划管理，构建了全产业链质量控制模式，形成了大质量观的企业文化。

近年来，东阿阿胶从单纯的工业企业向具有更深厚、更丰富内涵的文化企业转变。此外，东阿阿胶还对阿胶历史史料重新进行了梳理，挖掘阿胶的滋补文化、美容文化、学术文化三大文化体系，分别从阿胶服用演变史、疗效演变史、阿胶垄断史和滋补养生史四条主线入手，理出阿胶方剂谱、阿胶族谱、中医理论谱、医家传承谱、本草谱、工艺商业谱、消费文化谱多条文化谱系。其多元化的背后正是东阿阿胶千年文化这一强大根基。

开启文化营销工程

文化营销战略为东阿阿胶注入了活力，为了将东阿阿胶的健康养生理念更好地推向社会，东阿阿胶提出要由"文化营销"向"营销文化"转变——营销传统的中医药保健养生理念和健康管理方法。"恢复冬至滋补习俗"和"推动规范膏方文化"，是东阿阿胶为实施营销文化战略设定的初步目标。

东阿阿胶营销文化战略首先从打造文化节名片开始。2009年，东阿阿胶将第三届东阿阿胶文化节更名为"中国冬至阿胶节"，不仅弘扬中国冬至文化，还联手中医药界推广冬至膏方进补，其目的就是倡导恢复中华民族传统的进补方式，将进补民俗文化和中医养生文化相结合。

为了保护阿胶非物质文化并实现更好的传承，东阿阿胶采取了从上下游拓展产业链的发展策略。在产业链上游，东阿阿胶在全国建立了13个养驴原料基地，并以各地的东阿阿胶养颜养生馆为依托，营销中医药养生文化，从生产者向健康方案提供者的角色转变。

东阿阿胶养颜养生馆，是东阿阿胶依据中医"治未病"的理念打造的健康服务连锁机构，不仅向消费者提供补血、滋补、美容三大系列近50种阿胶产品，还以3200个阿胶经典验方以及中医专家资源为依托，为消费者提供养生、保健、美容等个性化的健康解决方案。此外，东阿阿胶养颜养生馆还通过养生论坛、养生辅导等活动传播阿胶养生文化。目前，东阿阿胶已在广东、山东开设了30多家养颜养生馆。

为了进一步深挖阿胶的文化价值，东阿阿胶着手建设中国阿胶养生文化苑，先期投资4000万元，总规划占地面积为14.8公顷，其中包括阿胶古方生产线、中国阿胶博物馆、阿胶养生坊、药王庙和中医养生文化体验中心等20余个模块，集文化、中医养生、旅游等于一体，与原有的曹植公园融为一体。

从"文化营销"到"营销文化"

东阿阿胶的文物史料、名人逸事、历代医案、经典验方等，被东阿阿胶做成文化产品同实物产品一并出售，并以工业基地旅游、阿胶博物馆巡展、健康讲座、社区推广、代客熬胶、免费打粉、媒体传播等多种活动进行阿胶文化传播，积极构建东阿阿胶的大健康产业。

东阿阿胶的"营销文化"策略成效显著。2008年，东阿阿胶制作技艺正式列入国家首批非物质文化遗产，恢复了古方生产线，更好地传承和保护了阿胶古老的工艺。

人们比较熟悉市场推广中的三点原理，即焦点、卖点、售点，其中每个部分都跟文化密切相关，比如焦点——社会文化兴奋点，卖点——功能卖点+情感卖点，售点——环境、氛围、格调的创造等。在今天，产品消费已不仅仅是购买产品，而是文化消费，即产品消费+信息消费+圈层消费+价值消费。东阿阿胶依托其强大的背景，脱离单纯的卖产品，把文化当作产品来推广，不仅要文化营销，更要营销文化！

第二章
洞察趋势，抢占高点

未来五年你还用同样的方式做生意，就离关门不远了！

——菲利普·科特勒

圈层崛起，"Z世代"降临

目前，中国正经历消费分层下的消费升级，不同层级的消费群体处于的消费升级状态也不同，一、二线城市是商品消费向服务消费的升级，三、四、五线是低线城市，渠道销售能力强的大众消费品在不断崛起。因此，在线上交易方面，一、二线城市服务消费企业将会脱颖而出，比如教育、医疗、养老、人力资源等；而低线城市的商品消费中具有低线渠道能力的公司将得到进一步发展，比如化妆品、金银珠宝、母婴等。

大众消费经济的时代，从商品到人；圈层经济时代，是小众消费经济、消费分级的时代，是人到商品，是分层分级的消费。每一种类型的用户都有不同的消费特征，都有他的社交圈层、喜好。消费需求不一样，所对应的商品功能、格调、品位也就不同。

人们自身生活的圈层，会对人的思维和行为形成巨大的影响，在今后的生活中将会逐渐固化，以至于在未来影响人生。无数的事实证明，圈子改变命运，你接近什么层次的人，就会走什么样的路。

很多消费者完全沉浸在自己的生活圈子中。例如IG刷屏时，70后很茫然；金庸刷屏时，00后很无感。大家每天只关注自己喜欢的公众号和志趣相投的朋友，还有各种智能算法的推荐让我们只看到我们想要看到的东西。

随着圈层的崛起，"Z世代"正在成为企业家特别重视的消费群体。"Z

世代"泛指95后出生的年轻人，他们成长于数字时代，生活学习观念承先启后，并且最早一批"Z世代"年轻人已经25岁，开始步入社会主流，C位出道的"Z世代"，越来越受企业重视。

每个时代都有年轻人，而年轻人的环境、行为习惯也在发生变化，企业要做"年轻人营销"，就需要不断与时俱进！据联合国发布的人口调查统计显示，2019年，"Z世代"的人口数量超过"千禧一代"，占全世界总人口的比例达到32%。面对"Z世代"年轻人，企业需要找到合适的方法，以便快速建立品牌认知，形成消费决策。

每一代人都有特定的消费习惯，为吸引不同形态的消费者，商家需要不断调整营销策略。"Z世代"已成为市场上的主流消费群体。尼尔森的研究报告也指出，"Z世代"成长于信息爆炸的年代，随着数字媒体的兴起与普及，这部分群体很容易对感兴趣的事物进行筛选，只有个性化营销才能抓住他们的喜好。新科技拥趸、反权威、刷评狂、嗨点自热是"Z世代"的主要特点，企业可以从趣味、身份、时间、审美来强化对Z世代的身份认同。

Morning Consult发布了一份关于"千禧一代"对品牌期待的报告，结果表明，这类人群更关注科技和娱乐品牌，而且表现不出对品牌的忠诚度，除非企业能够制造出提高品牌忠诚度的额外因素。"千禧一代"更为热衷的品牌基本上被YouTube、谷歌、Netflix、Amazon等科技、娱乐巨头所覆盖。从这个层面来看，"Z世代"也可以看作是"千禧一代"的延伸，这两个群体有很多相似之处。

"Z世代"本身就是数字原住民，对于当下的数字化变革驾轻就熟。他们钟情于社交媒体和数字媒体，喜欢更为直接的信息接收方式。有超过85%的"Z世代"受众喜欢这类网站，而广告商要针对此类人群进行创新性的广告投放，比如基于社交媒体的时尚博主就更能吸引年轻受众的关注。至于数字广告，它的呈现形式更灵活，要尽量避免为用户带来"阅读障碍"。

在詹姆斯宣布加盟洛杉矶湖人队后，粉丝们几个小时之内就能在 Fanatics 的网站上买到詹姆斯的新球衣。在运营上，Fanatics 也越发与职业体育联盟或者俱乐部靠拢，以便能够获得更高级别的商品特许权，这是它与 Amazon 等传统电商平台最明显的区别。

因为讲究自我，"Z 世代"对时尚的品位要求越来越趋于多元化。不过，"Z 世代"也变得越来越不可捉摸，有可能他们自己也不知道自己究竟喜欢什么；或者说，他们对某件事情（某个人）的喜欢时间正在慢慢缩短。这也是因为世界变化太快，新生事物（新人）层出不穷，让人眼花缭乱，难以专注。因此，如何能长期拥有这批善变的群体，是商家们需要共同探索的课题。

年青一代独特的消费偏好和数字化行为，正在推动奢侈品牌与消费者关系发生新的变化。当"千禧一代""Z 世代"成为消费"新贵"，每个奢侈品牌都在思考：如何优化品牌战略，与这一主力消费群体高效沟通，并构建情感连接？

"跨次元"价值凸显

虚拟偶像作为二次元文化和粉丝文化的产物，正在受到越来越多年轻消费者的喜爱，AI 虚拟偶像的背后，无疑是潜在的市场商机。

2019年8月4日，在爱奇艺"尖叫之夜"演唱会北京站上，一支虚拟偶像乐队 RiCHBOOM "空降"现场，献出成团后的首场全息 Live 秀，以潮流音乐和先锋时尚的造型惊艳全场，引燃了超高分贝的尖叫。

虚拟偶像的出现以及这一产业的兴起并不是偶然，是有较长技术与文化积淀的。近两年，Youtube 出现了在平台发布视频、与粉丝直播互动的 VTuber（也就是虚拟 UP 主），虚拟偶像产业逐步从"艺人模式"的 1.0 时代，过渡到了一个偶像类型更丰富，偶像打造模式更加多元化的"虚拟偶像 2.0"时代。

虚拟偶像步入 2.0 时代的典型代表，是全球第一 Vtuber "绊爱酱"。"绊爱酱"在 Youtube 平台上，既可以直播游戏，也可以分享自己的"日常"，自 2016 年第一次在 YouTube 发布以来，"绊爱酱"已经在油管上拥有超过 200 万的订阅用户。

虽然虚拟偶像没有现实载体，但是其吸金能力却不容小觑。在国内，虚拟偶像市场快速成长的同时，也吸引了大量品牌关注的目光。

实际上，创造"虚拟偶像"这件事，并不只是动漫公司和游戏公司的特权。随着虚拟偶像的开发，还出现了一种品牌自己原创虚拟偶像的现象，比如肯德基在 2019 年 4 月创造了虚拟版的"上校爷爷"，通过变身为虚拟 KOL 与消费者进行沟通。

虽然商业化不是一件容易的事，但新的尝试却从未停止。近几年，B 站、腾讯、网易、抖音、巨人等互联网巨头相继入局，内容生产方也在尝试用新的模式接入虚拟直播，比如短视频平台千万级粉丝的二次元形象—禅小和尚、萌芽熊、动漫《狐妖小红娘》涂山苏苏等，也开始尝试进行直播，这些 IP 在游戏、动画、线下等模式上相对成熟，不需要投入太多精力在虚拟主播领域开拓和运作。相对来说，原生于社交网络和短视频平台的 IP 在短视频平台内部直播和倒流的效果要好得多，期待接下来国产原创形象 IP 的虚拟主播成为本土化的虚拟主播。

"跨次元"经济，实际上是指以动漫为产业的二次元世界，二次元已经打通了虚拟与现实世界的壁垒，穿透的不仅仅是年轻人，还成为了跨代沟通的重要语言和介质。现在二次元的用户和受众已经达到了 3 个多亿，且逐渐呈现出从虚拟世界向现实世界转移的现象。在整个的二次元世界里面，出现了很多真实世界的东西，此外在真实世界里面也出现了很多二次元的东西。

关于跨次元，零点研究咨询集团董事长袁岳有如下观点。

1. 目前中国的跨次元产品，实际上是具有很强游戏驱动的趋向，但是在跨次元产品之间，基本上还是模仿日本漫画居多，造成了不平衡现象，实现这两种之间的不平衡，其实正是创新的机会。

2. 电子竞技将来会是一个核心竞争力，在电子竞技包括动漫中间的反应节奏，美学观念，人际关系，互动模式会形成一个新的优势。

3. 从技术层面来说，互联网已成为 3D 互联网，今天以配置为主的互联网转变为立面 3D 形象，基本上像游戏世界的互联网。

4. 未来中国的大空间也会走向二次元化，而且中国的年轻人是最早对空间有发言权，甚至支配权的，所以年轻人的喜好是非常值得重视的，对中国市场趋势有着明确引导。

5. 推动跨次元产业目前最重要的是培养跨次元设计师，基本上分三种：第一种是 Cosplay，第二种是同人设计，第三种是原创设计。设计师是做我们自己的次元产业的开始。

6. 游戏玩家分为曾经玩过游戏的人、业余游戏玩家、职业游戏玩家、职业高手、职业选手五种。而中国占全球游戏玩家比例均较大，目前的相关市场，游戏是在不多的领域中间远远地供不应求的需要加以重视的市场。

7. 次元化是人们头脑内在的思维需求外化成为符合我们要求的服务和产品需要，将是我们的消费核心而不会是边缘化延伸品。

消费升级：新精致主义

新精致主义是消费者对美好生活的自我定义。年轻群体对品质的追求不只是在产品层面，他们对日常生活的每个细节都有极致化的追求。通过对每个细节独特的考究、关注和品味，达成了自我从外在到内涵的满足感。于是，便催生了"新精致主义"。

以吃为例，2020年我国休闲零食规模达到11200亿元，三只松鼠带动坚果品牌的网红发展之路，越来越多的休闲零食餐饮品牌不甘于只做配餐，于是开启了产品的新精致升级。如良品铺子推出的"一代佳仁"盒装正好可以满足人们21天正餐的摄入量，还有青岛啤酒，为了引领"新精致"主义的消费趋势，推出全麦白啤，主打"精酿生活方式"。由此延展思考，新精致主义还将切割出更多的餐饮和休闲食品的消费场景，现在很多网红餐饮就是这样应运而生的。

新精致主义让越来越多的新品牌，以极致专业的市场切割方式，瓦解了现有领军品牌所形成的市场。例如，男性化妆品领域出现很多针对95后的品牌，针对的就是男性中流行的"花男主义"，很多95后男性开始化妆，在整个线上化妆品消费的人群里面，95后占绝大多数。

此外，在消费升级背景下，新工匠精神被赋予了全新的内涵，更加注重现代时尚与品位。从Nike的新工匠精神到戴森吹风机的黑科技创新，匠心精神与时尚精致相融合，让很多产品和品牌找到了新的定义。

消费升级已经不仅仅局限于产品方面，每个行业都将呈现"小而美"与"大而优"的品牌格局，新精致主义不仅代表了消费升级进一步的演进，同时也在为品牌创造新的机会，未来如何从产品内涵、服务体验、创新科技、新品质和新生活主张的角度，打造符合新精致人群口味的"新优品"，正成为值得企业关注的新趋势。

媒体进入综合社交化时代

新消费不在于消费的对象"新"，更主要在于消费内容、消费方式的"新"。随着5G、AI、区块链等信息技术的迅猛发展和落地，我们将进入算法媒体的时代，它的最大特征是大数据算法和数字技术，新的媒体时代必将催生新的传播和新的内容营销方式。

当下，信息传播渠道越发多元化，传统营销手段失灵。随着消费需求的迭代升级，消费者看中的不再仅仅是产品本身，还有产品背后的情感满足与个性匹配。曾在电视端投入大量精力并呈现出诸多经典广告的企业，开始做出改变，尝试利用新的营销方式抓住90后、00后等消费主力。而要想真正抓住90后、00后，就必须在大数据算法和数字技术的驱动下，充分利用新媒体,掌握好新传播和新内容营销方式。

移动互联网的崛起,使得媒体进入了社交化时代。人人都是内容生产者,任何一个移动终端都能成为传播渠道,微信、微博、今日头条、抖音、快手、VLOG等各种移动化应用已成为了用户交流消费信息的平台。

反观中国的社交媒体,虽然早期也是"拷贝"外国的传统应用,但发展至今已走出了一条截然不同的路。相比于信息传播集中化的国外各大AppS,中国社交平台的特性则体现为差异性小、竞争度高。无论是微博还是微信,相关社交媒体早就超越了"社交"一词,变成了具有中国特色的一种文化。这也和中国消费者对"隐私"定义理解不同有一定关系。

首先,社交媒体超越了社交。由于中国人固有的社会关系影响着网络社交的发展,人们更愿意回归小范围群体间的内容传播,使信息碎片化,也就是熟称的人脉圈子,不同的群组有不同的分类,分享着不同或相同的信息。西方国家更在乎独立个体,人们更愿意从自身角度来发声,而中国人更倾向于隐私的保护和"敏感"信息的分类。

其次,综合性社交媒体就是集电子商务、游戏、分类信息于一体,与社交媒体相结合。社交媒体不再仅限于资讯的交流和分享,而是发展为一种商业模式。因此,在对待社交类媒体上,不能以最初的做法只想着制作内容,而更需要开发出具有整合性功能的内容,甚至服务。

在跨平台、多应用的综合社交媒体的大方向下,社交媒体的发展更趋于娱乐化和电商化。因此,其最大的受益者便是电商营销和网络红人生产链。电商在推动品牌营销时,不会仅限于在某一平台做某一营销形式的"专营",而是尽可能多地在各大平台(微博,微信,淘宝,京东、天猫、抖音、快手等)进行多功能全方位的营销(图片,视频,VR,导购软文,测评等),这也印证了中国的社交平台更"综合化",一个应用覆盖的功能越多，其所面临的竞争也越大。

电商在多平台多功能的推动下，话题热度达到不同市场营销手段的同时，还引出了另一个受益方——KOL(意见领袖/网络红人)。网红的走势在近年来呈现出水涨船高的趋势，网络剧、电商的推动，以及越来越多的综艺节目网络化培养了一大批网红，导致一些品牌从以前的制造趋势转化为跟随趋势。可见，一个事件、一个举动便能引起数字媒体的热炒！

爆点新闻往往是不可预知的，导致品牌只能跟随热点走，同时还要关心消费者的想法和取向。例如，近年来各大美妆品牌都不约而同地采用网民给口红颜色取的"外号"来为电商产品做介绍。

新商业时代的价值嬗变

随着5G时代的来临，移动互联网与人们的日常生活联系日益密切。移动互联网和共享经济正在改变着人们的生活维度和生活方式。

拥有独特核心价值，契合消费者人生观、价值观以及情感情绪表达的品牌定位，更容易与消费者产生共鸣，赢得拥护，进而促成消费。

新商业时代价值之变，还体现在多元化的全渠道入口。

以前，消费者了解一个品牌的渠道入口可能只有商店、报纸、杂志、电台、电视台等媒体，但这些都受到时间、地点等诸多限制。

现在，移动互联网带来了全渠道入口，我们日常所能接触的点，都可以成为品牌入口，包括手机、电脑、二维码、各种生活场景、线下实体门店、电商平台、社交平台、社交媒体、大众媒体、IPAD、各种运用App、智能手表、智能设备、智能云系统、室内室外广告、交通工具、日常生活用品等，所见所触都可以成为渠道入口。

新商业时代价值之变，还体现在场景和体验上。随着技术创新与运用，微信、微博、微电影、社交App、直播、短视频等新媒体不断崛起，品牌体验有了更多的参与渠道、连接渠道。同时，技术创新与运用，让一切连接成为可能，线上线下打通，多场景联动的实现，使得品牌体验可以突破时间与空间的限制，实现快速、联动、即时的产品体验与口碑传递，从而在众多竞争者中脱颖而出，高效地促成消费。这就意味着现在做品牌要打破传统的线性思维，以建设生态圈的思维去运营品牌，更立体，更联动，更融合，更跨界！

比起让利给用户，让用户给品牌做贡献显得更重要、更有价值。一个用户只要为企业做出过一次贡献，捍卫过企业一次，那么此后他所有的拥护和捍卫，都是对他自己的捍卫，这时品牌和用户就达成了一种共识。我们策划品牌行为的时候，一定要将创新技术运用和场景联动，设计出更加具有吸引力的参与机制、体验机制、互动机制，让品牌与用户一起成长。

随着互联网变革，出现了一系列颠覆性的新商业形态，我们要把握诸多新商业形态的路径规划与发展趋势，还要担当起企业的品牌领导者角色，整合各种数据公司、技术公司、渠道公司、广告公司、新媒体公司、投资机构等多方资源，从而帮助客户取得整体提升。

5G时代营销新高点

雷神山、火神山建造时的云直播，采用的就是5G技术，而且这两座医院里全面覆盖了5G网络技术，可以实现远程医疗、远程对话。5G已经开启了数字经济的新篇章。

调查显示，消费者对5G应用充满了期待，50.5%的消费者对家庭5G宽带服务感兴趣，42.1%的消费者对极致的高清视频体验感兴趣，39.2%的消费者对AR/VR内容感兴趣，其次是5G智慧屏、智能家居和自动驾驶等。

随着消费者对智能化应用的依赖，很多企业已经率先开始探索5G的相关应用。例如，华晨宝马在沈阳生产基地进行5G网络建设，打造了5G工厂；海尔推出"海尔智家"品牌，基于5G网络打造的智慧家庭体验中心——"海尔智家001号店"，设置了包括智慧客厅、智慧厨房、智慧卧室、智慧浴室、智慧阳台5大生活空间在内的全智慧化家居新体验，给予了家居生活新的定义。这些案例都证明着5G即将带来一个全新的万物互联世界。

未来十年，随着5G的应用的不断进步，信息技术将得以长远发展，这意味着云计算将从赛博空间进入人机物的三元世界，通过云计算、物联网、移动通信、光子信息等技术支撑，进行个性化的大数据计算。这是21

世纪信息领域基本性的范式变革。在面向三元世界的计算中，计算过程不再局限于计算机与网络的硬件、软件和服务，而是综合利用物理世界、赛博空间、人类社会的资源，通过人机物融合协作来完成任务。

未来10年内，人机物三元融合将使得信息科技沉浸式渗透到实体经济和社会服务中。传统计算机科学将演变为人机物三元计算信息科学，传统信息技术将升级为"端—网—云"信息网络技术，出现新的硬件、软件、应用模式、协议和标准。

未来10年，新一代信息技术的发展，将加速深化全球产业分工和推进经济结构调整，重塑全球经济竞争格局。中国须抓住全球信息技术和产业新一轮分化和重组的机遇，打造核心技术产业生态，推动前沿技术突破，实现产业链、价值链等环节的协调发展，进而推动中国数字经济的发展。

未来，信息技术将成为推动全球产业变革的重要力量，并且不断地集聚创新资源与要素，与新业务、新商业模式互动融合，快速推动农业、工业和服务业的转型升级。

当前，全球互联网普及进程逐渐减速，预计这一趋势将在未来几年得到持续强化。与此同时，随着可穿戴设备、智能家居、车联网、智慧城市等产品服务的发展，接入网络的设备数量呈现逐年递增趋势。接入主体的变化，将对网络的技术创新、应用形态以及服务能力产生深远影响。

随着5G的应用，互联网深度融入社会治理之中。互联网逐步成为人们社会交往、自我展现、获取信息、购买产品和服务的基本生活空间。互联网及大数据正驱动社会治理从单向管理向双向协同互动转变，社会治理模式正从依靠决策者进行判断，发展到依靠海量数据进行精确引导。

经过数十年的发展，数字经济所依托的基础软硬件技术和产业取得了较大进展，初步形成了比较完整的产业链。未来10年，得益于我国政策规划、产业结构的升级效应、数据资源的禀赋效应，数字经济还将迎来发展的机遇期。

随着5G的应用，未来企业的路将怎样走？未来营销将会怎样？这是许多企业家所关心的问题。

未来消费者的购物方式会变得越来越智能化，在许多领域可能不再需要销售人员。互联网让消费者学会了很多，使消费者的信息获取量大大地增加。消费者平时通过互联网，特别是像推特、脸书、微信、抖音等这样的社交平台，就能够掌握大量的商品消费信息。

随着5G的全面应用，人工智能日渐普及，新的营销时代——智能营销时代已然来临。

不断更迭的广告技术、营销技术所带来的冲击力很大，它要求企业快速融合数字、技术，不仅要去连接消费者，掌握消费者动机，同时还需要挖掘消费者的潜在需求，更好地理解消费者，产生更多有吸引力、传播力的创意。新技术的应用，为创意打开了广阔、有趣的新天地，众多的品牌打造了很多既好玩又有意义的品牌营销体验，既拉近品牌和消费者之间的关系，又实现了高效、直接的效益转化，更多的技术与人工智能带给未来更多的变化。

虽然人工智能本身的研究已经颇具深度，但在营销领域的应用还没有全面开发。对于人工智能营销，AI对于品牌营销的影响会是渐进式的，将在诸多方面产生明显的作用。

AI技术为营销带来最为直观的变化，就是将数据、技术、内容彼此融合的同时，还能强化AI能力，以语音、图像识别等技术和用户进行深度交互，最终通过动态分析能力，与消费者进行多层次的沟通，实现品牌传播和效果精准转化，助力营销效果的最大化。

目前，百度已向营销者开放了包括图像识别、人脸识别、AR 在内的 110 余种 AI 交互技术，让营销者可以充分了解这些新技术，在了解后更好地运用在营销中。很多案例在结合 AI 技术上实现了多种不同的营销玩法。比如现场很多案例都运用了全意识整合营销数字平台——Omni Marketing 平台，将百度 AI 技术与整体营销体系紧密联结，将 AI 技术融合在营销前期、中期、后期乃至整个闭环中。

近年来，我们已经见证了太多技术发展带来的革新，未来将变成什么样，5G 时代，营销又该如何创新并赋能企业发展？

基于 5G 的沉浸式 VR 交互技术，将为用户打造出身临其境的购物体验。流畅的场景式购物体验，离不开 VR 技术的沉浸感和标准化制作过程，也离不开安全便捷的 5G 高速网络服务。以中国电信为例，依托云网协同技术优势，并整合了 CDN 云服务和天翼云 VR 平台能力，中国电信短时间内为因疫情按下暂停键的商业综合体和代理商打造出了 360 度全景虚拟导购平台。

用户利用手机便可随时随地享受云货架、云橱窗、云逛街等沉浸式购物体验，与喜爱的商品深度互动，同时还可点击查询每款虚拟商品的实时价格、限时特惠活动、会员权益信息等，在轻松自然的娱乐环境中完成整个线上下单购物过程。

VR 在线虚拟购物不同于传统购物平台商品静态的展示模式，5G 手机、智能机器人、智能家居等终端产品的展现极具空间感，视野开阔，360° 全景、720° 无死角，产品介绍、5G 套餐权益和终端品牌活动也立体详尽一目了然，让人感觉真实有趣。

此外，5G 将打通多终端，形成社交传播与粉丝的裂变，加快商户营销模式的转化。

除了增强用户的线上体验感，如何让商户在自有会员流量池的基础上扩充粉丝，也是各大虚拟商店门户需要考虑的问题。在线虚拟购物，打通现有电商平台，通过手机微信、VR 设备多终端的社交分享传播裂变特性，能够有效地为商户扩大消费规模，降低运营成本，提高营销转化率，并同步提供平台云服务、完整的创作工具和配套的技术支持，包括培训教材、各类模板图标和即时在线响应技术支持服务。

【案例】B站跨年晚会：突破"次元壁"

激昂的乐声响起，烈火中战士登场。台上演绎魔兽世界，台下观众欢呼，弹幕一片红火。这就是哔哩哔哩 2020 年的跨年晚会。

B 站晚会，奇幻瑰丽

这场由哔哩哔哩和新华网联合主办的以"二〇一九最美的夜"为主题的晚会，共分为日落、月升、星繁三个篇章。2020 年代表着最早一批 90 后已步入而立之年。跨年当晚，江苏、湖南及东方卫视等电视台同台竞赛，而 B 站晚会作为中国互联网视频行业中的第一台晚会，打破了二次元的圈层限制，将二次元与流行、古典等元素融为一体，举办了一场独具风格的多元文化晚会。

B站以往的特色在于二次元文化模式，但随着其打出"万物皆可B站"的口号，成为了泛青年文化的平台，本次晚会标志着B站实现了从二次元到泛青年文化的"跨越"。

此次B站晚会约有35个节目，既囊括了过去一年在B站火过的视频，又还原了动漫、影视和游戏粉丝青睐的经典作品。此外，B站还请到了五月天、邓紫棋和周深等明星歌手。

B站晚会在IP作品演绎上，有游戏《魔兽世界》《英雄联盟》，影视经典《哈利·波特》《权力的游戏》，以及2019年分别象征国产动漫和科幻崛起的《哪吒》及《流浪地球》。

从延续十年、被称作"二次元春晚"的拜年祭，到跨年晚会与各大卫视同台竞演，可以看出B站正在积极与主流娱乐市场相互融合。

与其他媒体平台不同，B站的本质属性还是泛青年文化社区，该平台可以提炼出独属于自己的文化符号。这种文化符号既是平台的特性，又能与流行文化密切联系，更容易引发观众的共鸣。

走向泛年轻和泛娱乐

2019年，B站十岁了。在这十年里B站从一个二次元小众人群的社区平台，成长为年轻人和潮流文化的代名词。

B站CEO陈睿曾谈道："B站有视频和用户两个属性。只要看视频的用户我们都能容纳，用户的兴趣爱好我们都能容纳，两个属性的交集就是我们的空间。"而这正是B站这场晚会的调性。既有最受欢迎的UP主，也有陪伴80、90后成长的明星五月天、邓紫棋、周笔畅等艺人出场。

当抖音的算法为播放量优化时，B站的算法也在为关注数优化。抖音的模型是流量产生收入。B 站是 UP 主创作内容，内容吸引粉丝，粉丝激励 UP 主，以创作者为核心。

1.3 亿用户，对于 B 站来说早已不是只追动漫的硬核用户。有弹幕评论称："40 岁的老阿姨看得热泪盈眶。"除了陪伴用户成长，B 站也在逐渐地拓展自己的内容。

从近两年 B 站的一系列动作来看，一方面，B 站强化了对 UP 主创作的引导，并试图更加融入年轻用户的日常生活。另一方面，在 PGC 方面，除了尝试更多试验性质内容，B 站还开始从源头介入和主导内容，从 IP 层面把控内容发展趋势，以 IP 来引领年轻人的文化潮流。

当 90 后的用户迈入 30 岁，80 后用户迈入 40 岁，B 站在陪伴用户成长的过程中画风也越来越多元。460 人的幕后团队，历经 4~5 个月的策划，从晚上 8 点钟到凌晨 3 点钟连续录制 7 个小时，让我们看到了 B 站这场以"最美的夜"为主题的晚会。

22 组嘉宾、35 组节目，明星阵容包括五月天、邓紫棋、周笔畅、胡彦斌、GAI 周延、周深等流行歌手。从动漫游戏组曲、国风歌舞到交响演奏、流行歌曲演唱，融入 B 站各类唱见、奏见、舞见等 UP 主，头部主播冯提莫、虚拟偶像洛天依、大师级的理查德·克莱德曼、国乐演奏家方锦龙等表演嘉宾。

谈及节目策划的取舍时，B 站市场中心总经理，同时也是这场晚会的总策划杨亮谈道："以泛年轻泛娱乐的文化晚会来打造，不像主流娱乐形态那样会请顶级流量明星，同时会结合 B 站典型的游戏 IP、动漫 IP 以及 B 站的热点事件综合因素的考量。"

对于晚会的预期，总策划杨亮说："由于是第一届，我们希望在品质上做到合格。后面再去想怎么创新和锋芒。"

在主创团队中，宫鹏担任北京卫视跨年冰雪盛典、爱奇艺《尖叫之夜》《中国新说唱》等综艺的导演。赵兆担任 2019 江苏卫视跨年演唱会的音乐总监，曾参与《中国好歌声》《蒙面歌王》等节目的音乐创作。音响调音师何彪参与了纪念世界反法西斯抗战胜利 70 周年的演出、香港回归 20 周年的演出。

优势与挑战并存

随着用户群体的扩大、标签的多样化和大众化，很多人开始把 B 站和爱优腾（爱奇艺、优酷、腾讯视频）、抖音等进行对比。与这些视频平台相比，B 站的优势非常明显，那就是"Z 世代"用户群体极高的黏性和忠诚度。

这一点与爱优腾等通过外购或自制取得大片、热剧版权并吸引新会员，或者抖音、快手等通过短视频吸引用户并进行广告变现的模式都不相同。值得一提的是，B 站的用户留存率在十大视频网站中居首，明显高于爱优腾等主流视频平台。

尽管如此，聚焦"Z 世代"用户也给 B 站带来了一定的劣势。一方面，B 站在开拓主流用户、保持用户增长上持续面临挑战；另一方面，为了确保"Z 世代"用户的体验，B 站也主动放弃了其他视频网站常用的广告等变现盈利方式，短期内在收入和盈利方面都面临着很大压力。

【案例】字节跳动：抢占流量高点

北京字节跳动科技有限公司（简称字节跳动）成立于 2012 年 3 月 9 日，同年 8 月上线第一款综合资讯类 App——今日头条，目前已拥有十多款 App，总注册用户数量达十亿级别，其中的现象级爆款 App——抖音 DAU（日活跃用户数量）突破 6 亿。

字节跳动 2020 年实现收入 2366 亿元。SensorTower 数据显示，字节跳动旗下的抖音及 TikTok 于 2020 年 4 月在全球苹果 AppStore 和谷歌 PlayStore 获取的金额已经超过 7800 万美元，首次超越了 YouTube 的 7600 万美元，这是历史上中国互联网公司第一次在海外取得如此战绩。

字节跳动被称为疯狂的"印钞机"。此前，美国一家老牌 PE 机构的合伙人透露，自己被字节跳动所震撼，"2018 年 6 月之前，抖音、火山、西瓜几个视频平台一分钱都没有销售，后来收费（商业化）后一天进账至少一亿元"。

产品布局，打造"App 工厂"

自创立以来，字节跳动的业务主要围绕内容产品展开，目前已经形成了庞大的产品矩阵，更被称作为"App 工厂"。

第二章　洞察趋势，抢占高点

从一开始字节跳动就有清晰的产品规划：通过信息聚合产品，积累流量和用户，接着逐步完善用户账号体系，最后切入社交网络这个互联网流量池。

成立之初，字节跳动试水了"内涵段子""搞笑囧图"等产品，鲜明的产品特点让这类App迅速积累了数十万日活跃用户，更为后续产品的成长奠定了基础。

2012年8月，字节跳动发布了资讯类App——"今日头条"，依靠"内涵段子"前期积累的人气导流，在当年年底就积累了100万日活用户。

"今日头条"的出现，让外界注意到了字节跳动，更重要的是，它为字节跳动未来的发展提供了一套差异化的发展路径：基于算法的个性化推荐和爆炸性的流量。

巨头们对字节跳动的态度也随之发生了戏剧性的变化，由最初的看不起、看不懂，到后来逐渐地变清晰。虽然百度和腾讯也推出了基于推荐算法的资讯类App，但市场空间已经所剩无几了。

据公开信息，2014年，"今日头条"顺利进入第二梯队，成为国内主流新闻资讯客户端之一。2016年9月，它已经超越了腾讯新闻，成为中国新闻AppTop1，活跃渗透率达15.13%，到了2018年3月，"今日头条"日活跃用户已经突破了2亿。

对字节跳动而言，一款产品的DAU高到某种程度，就不再是一个单纯的App，更是一个"流量航母"。像"内涵段子"为"今日头条"导流一样，"今日头条"也成为了字节跳动越来越多新生产品的首批流量来源。

其中一个重要的表现就是短视频产品。2016年，字节跳动先后孵化了主打PGC的"西瓜视频"和主打UGC的"火山小视频；同年9月，又推出了音乐短视频平台（后改为社交短视频平台）"抖音"。值得一提的是，

"今日头条"在此之前就在其 App 内培养了用户观看短视频的习惯，从而为短视频 App 积累了第一批用户；之后更是共享算法、相互引流，以实现协同效应。

2017 年，字节跳动开始了国际化布局，除了投资海外内容资讯和短视频产品，它还推出了自建产品的国际版。据公开数据显示，2017 年 11 月，抖音国际版"TikTok"在日本 AppStore 免费榜排名第一；2018 年 1 月，TikTok 又在泰国 AppStore 获得总榜第一；2018 年 10 月，TikTok 成为美国月度下载量和安装量最高的应用，在美国已下载约 8000 万次，全球已下载近 8 亿次。

经历了爆发式增长和流量剧变后，字节跳动近两年也开始尝试多个领域业务。

比如试水社交，推出微头条、多闪、飞聊等产品；布局互联网教育，上线 K12 英语教育产品 gogokid、AIKID、大力课堂等；涉足游戏，在今日头条上线"今日游戏"模块，抖音上线"音跃球球"小游戏，收购上海墨鹍等。

在字节跳动布局产品的过程中，还会引导用户注册账号，建立一套用户账号体系。对于用户而言，一个账号可以登录头条系所有产品，使用起来更为便捷；对于字节跳动而言，统一的账号体系，不仅能帮助产品矩阵达到协同互推的效果，还能更全面地了解用户需求，最大限度地挖掘用户价值。

以抖音为例，它在探索期内的定位是做"专注新生代的音乐创意短视频"，视频时常限制在 15s 内。对于爱赶新潮、乐于尝鲜的年轻人来说，这样的定位具有较强的吸引力。而当产品进入增长期，抖音的主力用户群体年龄段从早期的 18 岁到 24 岁，上升到了 25 岁到 30 岁，这也就意味着受众从大学生群体转为年轻的工作族。抖音的定位也随之改变为"为记录美好生活提供原创视频上传和发布的短视频平台",在内容层面也向着更加主流化、多元化的方向转变。

目前,字节跳动以"全球创作与交流平台"为愿景,以字节为基本量化单位,以构筑算法精密的底层平台开始,借助大数据和人工智能为用户提供个性化服务,通过"算法+内容"聚拢起大量的流量和数据,并运用产品矩阵的快速迭代式架构推出一个个爆款产品,成为"App工厂"。字节跳动时刻更新着用户特征数据库,越来越细致地进行精准推荐和精准营销,满足了不同用户的需求,真正做到了信息的"私人订制",还大幅提升了用户黏性和广告转化率,实现了企业及品牌价值的持续提升。

算法致胜

字节跳动是最早将人工智能应用于移动互联网场景的企业之一,抖音创立之初,就致力于通过算法改变信息的分发方式,即由过去门户网站统一编辑的无差别分发模式升级为基于大数据和人工智能技术进行内容推荐和精准推送的个性化分发模式。

字节跳动早在2016年就成立了人工智能实验室,这个实验室有上百人的研发团队,专门从事自然语言处理、计算机视觉、机器学习等人工智能领域前沿技术的研究,以应用于内容推荐分发、广告精准投放等业务。

字节跳动没有设置专门的内容采编人员,而是凭借其强大的大数据抓取和分析能力来收集全网最新、最热、最火的内容,运用人工智能技术将不同的内容呈现给不同的用户,彻底改变了以往媒介批量汇总、简单分类、机械派发的模式。从用户使用其App的第一个界面开始,字节跳动后台的算法就无时无刻不在捕捉、记录、学习用户，包括浏览、搜索、支付等操作在内的所有行为特征，尽可能全面地更新和完善每个用户的数据包。

随着点击量、输入内容和使用时长等海量数据的采集和累积，以及数据挖掘和行为分析的逐步深入，用户的数据包变得越来越丰富，用户特征的描述越来越详尽，用户画像的勾勒越来越清晰，新内容推荐和广告推送更加匹配用户需求，更好地做到精准定位、精准推送和精准营销。可以说，算法构筑了字节跳动的底层逻辑，即"给我想要的，猜你需要的"。

多条赛道布局

从2012年的今日头条、2016年的抖音，再到2017年的懂车帝、2019年的飞书，字节跳动的产品涵盖了综合资讯、长短视频、娱乐社交、商务办公、在线阅读、垂直社区等多个互联网领域，甚至在同一领域中有着不同的产品。在同一领域同时布局多个产品形成产品矩阵，进而快速迭代推动明星产品出现的思维，是对以往互联网公司既有经验的颠覆——无论是微信、微博，还是淘宝、支付宝，过去成功的互联网企业往往把资源聚焦在一个产品上，因为同时布局多款产品会导致流量分散和资源耗费，给公司内部的技术支持、组织形式和运营管理带来极大挑战。字节跳动却反其道而行之，成为了批量生产手机软件的"App工厂"，并且能够不断地研发出现象级的流量爆款产品。

这种矩阵式打法的原因有两点：第一，对于单个产品，字节跳动有一套行之有效的内容推荐、算法优化、体验完善的快速开发体系；第二，对于不同产品，则有一套成熟的批量生产、数据测试、重点筛选和资源重新配置的标准化迭代流程。这套流程正是字节跳动在今日头条用户数增长逐步进入瓶颈后，能够在抖音等应用上再次实现快速增长的核心原因之一。在2016年短视频"风口"之际，包括抖音、火山小视频、西瓜视频（原名"头条视频"）等在内的多款短视频产品在字节跳动内部几乎同时启动，最终抖音在产品矩阵中脱颖而出，实现了公司的第二次流量爆发，自然也赢得了公司内部资源向其倾斜配置。

字节跳动的这一策略可快速总结借鉴每个产品的试错经验，以低成本获得高迭代率，并且还可能会在不经意间突破单个产品先天性不足所导致的流量天花板。字节跳动目前已构建起以今日头条为核心的综合信息平台，和以抖音为核心的短视频社交平台两大产品矩阵。目前，其产品和服务覆盖全球150多个国家和地区、75个语种，在40多个国家和地区位居应用商店下载排行榜前列。

增强用户黏性，实现高效转化

字节跳动凭借功能完善的算法体系和灵活迭代的产品结构，加上规模庞大的商业化团队，实现了用户数量和用户时长的快速增长，以及变现效率的节节攀升。

根据Questmobile网站的统计数据，截至2019年6月，字节跳动旗下产品的全球总MAU（月活跃用户数量）超过15亿，其中今日头条、西瓜视频和火山小视频三款产品的MAU分别为2.6亿、1.3亿和1亿；总DAU（日活跃用户数量）超过7亿，其中抖音DAU超过了3.2亿。截至2020年1月，抖音DAU已经突破4亿，成为字节跳动旗下当之无愧的"流量之王"，稳居短视频领域头把交椅，而这个现象级爆款App取得如此骄人业绩仅用了三年时间。

从用户时长来看，字节跳动旗下产品在全网产品中的占比从2017年年中的3.9%上升到2019年年中的11.7%，仅次于腾讯系列产品，成为近年来用户使用时长增长最快的App系列产品。Questmobile网站2019年10月的统计数据显示，用户日均使用时长排名前四的App中，除了腾讯系的微信以80分钟排名第一，位居第二至第四名的西瓜视频、抖音、今日头条，用户日均使用时长均超过了60分钟。

流量增长对互联网企业品牌价值的提升起着至关重要的作用，这与传统企业管理目标要求持续不断的盈利增长完全不同。流量增长不单是用户规模的扩张，还是企业及品牌价值的提升，而使用时长的增加则标志着用户黏性的增强。

因此，随着字节跳动系列产品的不断更新迭代和用户黏性的持续增强，流量迅速实现了高效转化，公司营业收入呈几何级数增长：从2016年的60亿元到2017年的150亿元，再到2018年的500亿元，2019年超过1400亿元。

2021年6月17日，字节披露了财务情况，2020年实际收入2366亿元，同比增长111%，毛利润增长93%至1330亿元，相当于每天入账6.5亿元。

2020年同期，快手营业收入仅为587.76亿元，相当于字节跳动的四分之一，而谷歌披露的Youtube营业收入197.72亿美元（约合1269.76亿元人民币），也仅为字节跳动的一半。百度的营收为1071亿元，净利润220亿元。字节跳动的收入不仅4倍于快手，而且两倍于百度和美团。不知不觉间，字节跳动营收规模已远超同行。

截至2020年底，字节跳动旗下产品全球月活跃用户数达到19亿，覆盖全球超过 150 个国家和地区，支持超过 35 种语言。目前，字节跳动在亚洲、美洲、欧洲等 30 多个国家设有办事处，全球正式员工有 11 万人。据彭博社消息，字节跳动 2020 年广告收入 1831 亿元。

直面行业巨头，重构产业生态

中国互联网领域有 BAT 之说，百度（Baidu）、阿里（Alibaba）、腾讯（Tencent）三巨头瓜分了绝大部分市场份额。但近年来，众多新型互联网企业或转变目标客户、或创新商业模式、或深耕垂直领域，硬是在市场竞争"红海"中闯出了一片属于自己的"蓝海"。同样，字节跳动也敢于直面行业巨头的强势领域，充分发挥自身优势，或选择竞争，或选择合作，重构着整个互联网的产业生态。

在 PC 时代，以百度、谷歌为代表的搜索引擎是人们进入其他网站获取内容的主要入口，百度因此掌握了互联网时代的第一波流量优势。随着移动互联网时代的到来，传统搜索引擎的流量分发功能正在逐步衰退，垂直领域的搜索产品逐渐以中心化方式瓜分着流量入口。

作为内容生产与内容传播平台，字节跳动具有经营搜索业务的天然优势。今日头条上线后，吸引了 3 亿 MAU，沉淀了大量的内容资料，完全可以作为搜索类产品的信息来源。此外，搜索业务还能弥补其仅靠推荐算法在信息分发上的不足，进而构建起多类型相互协同的信息分发机制，更高效地促进用户与信息的连接。

字节跳动正在以搜索体系作为支撑，构建"算法推荐（信息找人）+ 用户搜索（人找信息）"的一体化信息连接生态闭环，从而将更多的流量留存在自身产品圈内，以保证其用户黏性的持续增强和内容的不断丰富。

近年来，随着直播带货的兴起，抖音凭借高转化率与阿里巴巴迅速建立起了上下游的合作关系：由字节跳动提供流量入口，提供电商供应链，二者在带货和电商广告上完成流量的变现，这种优势互补、合作共赢的模式，顺应了内容电商化与电商内容化的大趋势。例如在抖音的电商直播和种草广告中，都将阿里巴巴作为后端供应链合作方，在抖音端通过内容完成用户的导流，在淘宝端完成用户的购物转化。

字节跳动不仅在国内有巨大的影响力，在海外也颇受年轻人的青睐。抖音海外版 TikTok 于 2017 年 8 月正式上线，截至 2019 年 6 月，其全球 MAU 已经超过了 5 亿。SensorTower（全球移动应用数据分析公司）2020 年 1 月的统计数据显示，TikTok 在 AppStore 和 GooglePlay 两大主流应用商店的全球总下载量超过 15 亿次，其中仅 2019 年的下载量就高达 7 亿次。

短视频凭什么能够在国内外如此受欢迎呢？这是因为短视频极大地提升了视频产品生产流通的效率，这一点是 YouTube 和 Facebook 等传统视频公司所无法比拟的。短视频内容简短，降低了创作者的门槛；形式多样，降低了用户的观赏门槛；广告转化率高，容易获得广告商的青睐，这使得该平台的广告单价显著高于其他类型平台。并且短视频具有间断性，便于算法的理解，更有利于平台自身进行内容推荐。因此，以抖音（TikTok）为代表的短视频平台使得视频的生产者、消费者、广告商和平台自身等多方受益。

第三章
高点决定成败

如果无法获得绝对的优势，你必须灵活运用你现有的力量，在决定性的地点创造相对优势。

——卡尔·冯·克劳塞维茨

企业最坚实的护城河

品牌是企业最坚实的护城河!"品牌是什么?""做品牌能带货吗?""品牌这事太虚了!""腾讯做品牌吗?阿里做品牌吗?你大了自然就有品牌了啊!""我们品牌很好,口碑很好啊,我们现在不用做品牌。"

这些观点经常会从创业者或企业家口中听到,其中不乏知名企业的掌门人。

品牌建设能力越强的企业,消费者心理价值越大、越持续,忠诚度更高,复购率更高,甚至能够接受涨价。

品牌建设能力差的企业,消费者更加关注物理属性和价格,由于心理价值低,所以更换、放弃使用成本更低、忠诚度更差、更容易被价格战影响。

具备品牌建设能力的企业,通过不断增加品牌附加值,通过品牌建设,持续构建起核心价值和竞争壁垒,从而使得生意更持久、更健康。不仅今天卖得好,明天还会更好。

而只忙着抓各种红利的企业,在红利期过后,就会发现企业业绩开始下滑了。

那么,何为品牌?品牌并非只是一个名称或标志,而是一个企业对消费者的承诺,它传递给消费者的不只是功能利益,还包括情感、自我表达和社会利益。一个品牌不仅仅只是承诺的兑现，它更像一段旅程，一段基于消费者每次与品牌接触的感知与经验而不断发展的消费者关系。

品牌具有强大的影响力，它是消费者与企业关系的核心、战略选择的平台，也是影响财务包括股票收益的重要力量。一些极具竞争力的品牌都有自己的精髓。谷歌占据搜索引擎领域的绝对优势，新加坡航空则以特色服务著称，奔驰汽车因崇尚完美的消费者而存在，所有这些品牌均以其独特的优势赢得了消费者的忠诚拥护，从而取得了商业上的成功。

市场已经进入了高度竞争的时代。这就要求企业家必须要有清晰的品牌战略，企业的负责人应该花更多的精力，放在品牌战略的规划上。一旦找到占领用户心智的品牌定位，即刻进行出击、高点占位。

总而言之，做品牌要占据品牌制高点，高点占位，然后才能聚焦认知、品类、特性和差异化。大多数人口中所说的品牌，只是个产品名称、企业名称或只是个商标名称，并不是真正的品牌。许多企业只是拥有一个知名的品牌名称和一些不错的产品，然而销售业绩主要来自产品的竞争力，是由产品驱动或市场驱动，并不是由品牌驱动。

那么，怎样才算是品牌企业或品牌产品呢？

首先，消费者认可、信赖并具有较高知名度的产品商标才是品牌。

其次，具有溢价能力的产品商标才是品牌。

最后，拥有大量忠诚粉丝的产品商标才是品牌。

消费者认可、信赖并具有较高知名度；溢价能力；忠诚粉丝数量，这三个指标，是衡量品牌最直接、最明确的三个 KPI。

就交易的本质而言，人们选购产品，一定是经过了与其他产品的多番比较之后做出的理性决定，最终挑选的产品，一定是物美、价廉、质优、量大、易用、实惠、有特点、有差异的，它可以满足消费者的某种特定消费需求，因此才能达成交易。可为什么消费者在选择品牌时，不会有那么多的比较呢？那是因为品牌的利益点早已经抢占了消费者的心智。这种抢占，一定是产品在某些方面达到了消费者利益的制高点，进而形成品牌的制高点，最终使产品进化为品牌。

那么，如何让产品抢占品牌的制高点？成为占据消费者心智的品牌呢？

塑造品牌要把握以下要点：

◆ 品牌内涵清晰、简洁。

◆ 清晰的品牌定位。

◆ 品牌主张触动人心。

◆ 品牌个性始终如一。

◆ 品牌风格不同凡响。

◆ 品牌性格极具人性之美。

◆ 品牌故事引发共鸣、情感共振。

◆ 品牌事件引爆关注。

第一，厘清品牌内涵清晰、简洁。

品牌内涵代表了品牌的核心价值。品牌的核心价值是品牌资产的主体部分，同时也是品牌保持持久竞争力的保证。但品牌核心该如何表达？应该通过品牌的内涵去铸造品牌的核心价值。针对行业产品的不同特点，结合市场定位，赋予品牌以独特的内涵。

在当前数字化时代，品牌建设经常受到挑战，在这个越来越复杂的环境当中，长久坚持及具有持续生命力的品牌建设显得越来越重要。许多企业都面临着整合营销传播的需求。事实上，整合的基础源自品牌内涵的清晰度，在清晰的品牌内涵基础上，才能考虑下一步的整合营销传播和推广执行。这其中的重要性是每个企业管理者及相关从业人员都必须清楚的。

因此说，没有清晰的品牌内涵，就没有接下来的品牌塑造。

第二，清晰的品牌定位。

即清晰界定品牌在众多竞品中所处的位置。

在特劳特所著的《定位》一书中，作者援引大量事实，证明美国已经成为世界头号"信息过度传播"的国家。传媒类型的激增引发了信息传播量的膨胀，这极大地影响了人们处理所获信息的方式。基于此，定位理论主张构建差异化的同时，抢占人们的心智资源。

品牌定位在品牌经营和市场营销中有着不可估量的作用。品牌定位是品牌与品牌所对应的目标消费群体之间建立的内在联系。

任何一个品牌都不可能为所有消费者服务，细分市场并正确定位，是品牌赢得竞争的必然选择。只有品牌定位明确，个性鲜明，才会有明确的目标消费层。唯有明确的定位，消费者才会把握产品特色，有别于同类产品，形成稳定的消费群体。

唯有定位明确的品牌，才会形成一定的品位，成为某一层次消费者文化品位的象征，从而得到消费者的认可，让顾客得到情感和理性的满足感。要想在竞争中脱颖而出，关键是差异化，而定位正是战略达到差异化最有效的手段之一。企业如果不懂定位，必将湮没在茫茫的市场中。

第三，品牌主张触动人心。

触动人心的品牌主张尤为重要。没有品牌主张，很难成为真正的品牌。

什么是品牌主张？

是指企业向消费者所传递的核心认同和价值观。品牌是一种市场承诺，表现品牌的一贯立场，满足人们的某种特定需要，能让人们看到它存在的价值并明晰品牌的精神内涵。品牌主张在品牌塑造过程中有着十分重要的地位，是将静态品牌活化的重要策略。企业的一切传播和营销活动都是围绕品牌主张展开的。

在品牌塑造的过程中，通过品牌主张来指引品牌策略发展的方向，指导品牌接触点所需要的"零件"，是非常有必要的。

许多销售人员以为，运用产品优势来说服人们购买，才是最直接的业务方式，品牌主张、价值观、人生态度这些精神层面的信息是空洞无用的，对销售没有任何帮助。显然，这种观点具有片面性。当然，营销当中的品牌主张要因人而异，因产品而异。要塑造高附加值的品牌，一定要有自己的品牌主张，而且品牌主张要触动人心。

只有消费者对产品发生触动，产生了情感，才能深入消费者心智，占据心智资源。产品差异化的利益点，对营销来说很重要，但还是存在不足。差异化的产品利益点，只会让人暂时喜欢，却不会长久喜爱。就如王老吉、加多宝，它们的差异化产品利益点缺乏根植人内心的价值观，只是一种功能性的诉求，占领市场只是一时，并不会长久。反观可口可乐，它既不是解渴，也不是便宜，而是一种快乐，一种"爽"。

第四，品牌个性始终如一。

20 世纪 50 年代，美国 Grey 广告公司提出了"品牌性格哲学"，日本小林太三郎教授提出了"企业性格论"，从而形成了新策略流派——品牌个性论（brandCharacter）。该策略理论在回答广告"说什么"的问题时，认为广告不只是"说利益""说形象"，更要"说个性"。由品牌个性来促进品牌形象的塑造，通过品牌个性吸引特定人群。

品牌个性论的基本要点是：

1. 在与消费者的沟通中，从标志到形象再到个性。品牌个性比品牌形象更深入一层，形象只会使消费者对产品产生初步认同，而个性可以使消费者真正喜爱、崇拜品牌。例如德芙巧克力的品牌宣传——牛奶香浓，丝般感受，它的品牌个性就在于"丝般感受"的心理体验。

2. 为了实现更好的传播沟通效果，应该将品牌人格化，即思考"如果这个品牌是一个人，它应该是什么样子……"（找出其价值观、外观、行为、声音等特征）。

3. 塑造品牌个性应使之独具一格、令人心动、历久不衰，关键是用什么核心图案或主题文案能表现出品牌的特定个性。

4. 选择能代表品牌个性的象征物往往很重要。例如，"花旗参"以鹰为象征物等。

任何一个占有市场一席之地的品牌，都必须顺应市场的变化，尽可能地创造出让竞争者难以模仿的个性化品牌。只有独特的品牌个性才可以培育出众多的品牌忠诚者；只有致力于创造个性化品牌的企业，在创新、提升品牌档次和开拓更大市场空间上才能取得更大的成功。

随着市场竞争的日趋激烈，产品的高度同质化，品牌日渐成为商家重要的竞争手段。品牌是用来识别特定商品和服务的名称、术语、符号、图案以及它们的组合。借助于品牌，消费者很容易把各类厂家的商品区别开来。个性是个社会范畴，是许多学科研究的对象。学科视野不同，对个性概念的解释也不同。

个性是由各种属性整合而成的相对稳定的独特的心理模式。我国古代一句老话"蕴蓄于中，形诸于外"能很好地概括出个性的内涵，即个性就是人的表里的统一体。品牌个性就像人的个性一样，它是通过品牌传播赋予品牌的一种心理特征，是品牌形象的内核，它是特定品牌使用者个性的类化，能体现其利害关系人心中的情感附加值和特定的生活价值观。

品牌个性具有独特性和整体性，它创造了品牌的形象识别，使我们可以把品牌当作人看待，使品牌人格化、活性化。

无法辨认个性的产品，永远成不了品牌。品牌个性的形成，来自一致的文字语调与不凡的视觉风俗，企业要让品牌个性真正进入消费者意识。如今，数字传播盛行，随着实时的热点搭载不同的销售信息，但却忽视了品牌个性一致的重要性，大部分数字传播作品随着热点的场景变动而变化，传播的语调与风格变化无穷，导致品牌个性的分裂，以致无法累积产品拟人化所需要的品牌个性和独特个性的品牌资产。

品牌主张与品牌个性，是品牌营销当中最基本也是最重要的两个关键词。但是，在新兴的数字传播中，却逐渐被遗忘，甚至被恶意地删除或篡改，这是不利于品牌建设的。

无论商业模式或传播手段如何变化，人性不会变，品牌的重要性、品牌化的原理、品牌主张的价值及品牌个性的必要性更不会变。

第五，品牌风格不同凡响。

风格是艺术概念，艺术作品在整体上呈现出一种有代表性的面貌。风格不同于一般的艺术特色，通过作品所表现出来的相对稳定的内在反映时代、民族或艺术家的思想、审美等内在特性。本质在于对审美独特鲜明的表现，有着无限的丰富性。艺术家由于不同的生活经历、艺术素养、情感倾向、审美的不同，形成受时代、社会、民族等历史条件影响的作品。题材及体裁、艺术门类对作品风格也有制约作用。正是由于风格不一的艺术作品的出现，才有了如今丰富多彩的世界。

那么，品牌风格就是指目标品牌和品牌本体因素和环境因素的双重影响下，在目标品牌主题的约束下，通过品牌设计对品牌的核心价值、个性与特质做出的美学表达方式。

突出的个性来自特别的风格与语气。塑造品牌个性的视觉风格与文字的语气，很少来自前端策略的制定，都是源自创作者的个人主观的偏好及个人拥有的创意能力。与其说是一种偏好或能力，不如说是创作者对商品本质与品牌精神的一种特殊理解与诠释。

培养品牌，正如培养孩子一样，是一门学问，也是一门艺术，即便参考同样的育婴手册，每个父母从中汲取的营养成分和经验也不一样。同意创作者将个人的理解与见解，甚至准许客户将自己的偏执加入品牌的风格与语气之中，是情理之中的事。

在塑造品牌个性的过程中，最大的风险就是没有一致的风格。事实上，要维持一致性比想象中难得多，因为客户的决策者与代理商的创作者总是不停的替换，这也导致了许多品牌的风格不能贯彻始终。

第六，品牌性格极具人性之美。

社会化媒体时代，善意的、人性化的品牌才能异军突起。

荷兰航空公司 KLM 于 2010 年 11 月发起了一场名为"让快乐蔓延"的全球活动，在全球各地的机场，KLM 向选定的乘客派送适合本人心意的意外礼物。一旦有快要登机的乘客登录了 KLM 在签到网 Foursquare 上的社区，就会有 KLM 员工上网查询这位乘客的背景信息，选择合适的礼品，在此人出发前将礼物送给他。有位欧洲乘客在 Twitter 上提到，他刚结束纽约之旅，于是 KLM 员工向他赠送了一本 LonelyPlanet 的纽约旅游指南。

这就是近来流行于全球的一种营销方式——"表达善意的随机行动"（Random Acts of Kindness），或暂且称之为"善意营销"：品牌通过线上和线下的方式，发起一种营销攻势，给消费者突发的、随机的惊喜，表达出品牌的一种善意、祝福和理解，从而获得消费者的认同与接受，进而通过 SNS 社交圈子传播。

2010年，善意营销在社会化媒体的推动下，被很多企业采纳和实践。

品牌人性之美的背后，可以看到品牌和消费者之间的关系以及关系变化的清晰脉络。任何一个品牌，如果善于洞察和把握这其中的变化，并且能够体现在营销行动中，就会成为品牌的一种全新竞争力。

首先，消费者越来越希望看到品牌人性化的一面，并且期待品牌不只具有起码的社会责任，而且也能表现出良好的价值理念。消费者对于品牌的期望值，已经远远超越了单纯的产品功能和使用价值层面的需求，更期待品牌能承担起主流的价值观和道德观。

其次，消费者和品牌之间的信息不对称现象越来越少。借助各类社会化媒体，消费者可分享、讨论各种话题，甚至联手采取一些行动，这已经成了常态。品牌作为消费者生活中的一部分，无法避免被评价、讨论和传播。品牌已经不再是"你讲我听"的阶段，而是一种互动关系，而这种互动必须是真实、有趣味的。

对于厂家而言，绽放人性之美的品牌及善意营销可以柔化及拉近与消费者的关系，而且社交网络的宽度和流畅度，足以使一个成功的营销计划得以快速传播。当然，实际操作并非易事。一方面要好好策划，另一方面更要有一颗"善心"，善因方能结出善果。

在采取善意营销之前，必须得问自己几个问题：

1. 率真。你是真诚的、发自内心的吗？

2. 创意。你会玩出新的花样吗？

3. 意义。你到底想说明什么？能表现出同情、人性，甚至某种独特的个性吗？

4. 趣味。轻松有趣吗？能让消费者兴奋和惊喜吗？

对于那些大企业来说，要想清楚如何同消费者建立新型的合作共生、共同成长的关系,迈出这一步,是需要勇气和决断的。而对于没有任何历史性包袱的中小企业、新兴品牌来说,这就是一个异军突起的契机。越是嘈杂的时代,越需要安静而善意的品牌,胜出的一定是那些人性化的、善意的、代表新生活方式和参透新传播规律的品牌。

此外,品牌背后的人性之美,有时候不一定是你做了什么,也可以是你没做什么,也可以是"不作恶"!

第七,品牌故事引发共鸣、情感共振。

塑造品牌,要赋予品牌一个有感情的品牌故事。我们要卖的不只是产品,更是洞察人性的故事。好的产品,要能打动人心、能触及人的灵魂,让人们在享用产品时多一分想象,增添享受的情趣,借此增加产品的价值,这就是品牌的价值。

一般人总以为品牌故事是一些创始人如何努力奋斗的创业史,是创始人身处绝境却屡屡化险为夷的动人故事。

比如:京东的老板刘强东,曾面临京东倒闭的危机,一夜之间几乎白了头。华为的任正非,曾有半年时间都是噩梦,常常哭醒。"我无力控制,有半年时间都是噩梦,半夜常常哭醒""研发失败我就跳楼",这是任正非在华为创业维艰期决绝说出的话。那时任正非先后历经爱将背叛、母亲逝世、国内市场被港湾"抢食"、国外市场遭遇思科诉讼、核心骨干流失……他每天工作十几个小时,深感无力。这位从小在农村吃苦长大,在部队锤炼多年,外人眼里坚强如铁的商业硬汉曾经竟如此艰难。

此后,在一封给华为抑郁症员工的公开信中,任正非坦言,自己"也曾是一个严重的忧郁症、焦虑症的患者",他的身体还得了多种疾病,因得了癌症动过两次手术……

这些创业的辛酸故事确实很感人、很励志,但这只是品牌的历史,不算是品牌故事。

品牌是给消费者带来溢价、产生增值的一种无形的资产，品牌的载体是用以和其他竞争者的产品或服务相区分的名称、术语、象征、记号或者设计及其组合，增值的源泉来自于消费者心智中形成的关于其载体的印象。而独一无二、打动人心的品牌故事则是形成印象的绝佳素材。

品牌故事应该描述品牌之所以存在的初衷，也就是基于什么社会环境的需要，相信什么样的价值观？拥护什么立场和态度？提供什么样的生活主张？

品牌故事，对于公司的营销起着正面积极的作用，能对消费者造成一定的思维影响，并在心中认可品牌的价值观和文化观，从而产生共鸣，对品牌产生信任感，并且不轻易改变。

海尔张瑞敏砸冰箱事件，广为流传。随着这个故事的传播，海尔品牌的知名度和品质的美誉度脱颖而出！有太多的消费者被这个动人的故事征服！成了海尔忠实的拥护者！使海尔产品成为了质量的代名词。

有"天然矿泉水贵族之称"的依云，正是通过故事营销，将自己高贵奢华的品牌个性，表现得淋漓尽致。

第八，品牌事件引爆关注。

事件营销在英文里叫作 Event Marketing，国内有人把它直译为"事件营销"或者"活动营销"。事件营销（event marketing）是企业通过策划、组织和利用具有名人效应、新闻价值以及社会影响的人物或事件，引起媒体、社会团体和消费者的兴趣与关注，以求提高企业或产品的知名度、美誉度，树立良好品牌形象，并最终促成产品或服务的销售目的的手段和方式。

事件营销是一种有效的品牌传播与市场推广手段，集新闻效应、广告效应、公共关系、形象传播、客户关系于一体，并为新产品推介、品牌展示创造机会，建立品牌识别和品牌定位，形成一种快速提升品牌知名度与美誉度的营销手段。20世纪90年代后期，互联网的飞速发展给事件营销带来了巨大契机。通过网络，一个事件或者一个话题可以更轻松地被传播、关注，成功的事件营销案例开始大量出现。

以苹果为例，苹果就是事件营销的高手，而且有一整套引爆口碑的打法。美国著名科技博客9to5Mac深度爆料苹果公关团队的运作内幕，苹果式口碑有以下几个秘密武器：

（1）搞定发烧友。

苹果的测试样机被视作科技产品与发布领域的圣杯，只有为数不多的几名经过精挑细细选的人士才能够抢先试用，这些人都对苹果持积极友好的态度。苹果前公关代表还记得，他的上司曾经要求他仔细查看测试样机的包装盒是否完美无缺，上面绝对不容许有任何的划痕或瑕疵。

（2）沟通媒体，免费上头条。

苹果上头条的秘密武器有三个，一是让媒体竞争，在杂志占据主导的年代，乔布斯可以通过让《新闻周刊》和《时代》周刊争夺独家消息的方式，让苹果产品登上其中一本杂志的封面；二是制造神秘感，"他们的战略就是什么都不说，他们会让所有人竞猜苹果的动向，获得免费的宣传效果，避免陷入其他企业遭遇的困境"；三是开一个超级有诱惑力的发布会。

（3）制造流行文化。

溢价能力及话语权

全世界有两个关于品牌的重要评估机构，一个叫 Interbrand，另一个是 BrandZ。这两个机构全球品牌 100 强榜单，是最具有参考价值的。

国际品牌咨询机构 Interbrand 发布了 2019 年全球品牌 100 强榜单，苹果蝉联榜首，品牌价值达 2342.41 亿美元。谷歌和亚马逊分列第二、第三，品牌价值分别为 1677.13 亿美元和 1252.63 亿美元。进入前 10 的品牌还有：微软、可口可乐、三星、丰田、奔驰、麦当劳和迪士尼。华为成为中国唯一上榜品牌，排名第 74，品牌价值为 68.87 亿美元，较上年下降 9%。2020 年的榜单中，苹果蝉联榜首，品牌价值达 3230 亿美元，亚马逊和微软分列第二、第三。华为仍然是中国唯一上榜品牌，排名第 80。

2019 年全球 100 大品牌价值总计达 2.1309 万亿美元，较上年增长 5.7%，百强榜的门槛是 47.81 亿美元。2019 年新上榜的品牌是：优步 (87) 和领英 (98)。戴尔则重新回到了百强榜，名列第 63。2020 年全球 100 大品牌价值总计达 2.3365 万亿美元，较上年增长 9%，百强榜的门槛是 44.81 亿美元。

2019 年排行榜上价值上升幅度最高的 10 个品牌分别是：万事达卡 (+25%)、亚马逊 (+24%)、赛福时 (+24%)、星巴克 (+23%)、古驰 (+23%)、Adobe (+20%)、维萨 (+19%)、卡特彼勒 (+19%)、任天堂 (+18%) 和微软

(+17%)。而 2020 年排行榜上价值上升幅度最高的 10 个品牌分别是：亚马逊、微软、Spotify、奈飞、Adobe、贝宝、苹果、赛富时、任天堂和万事达卡。

2019 年百强榜中最多的是汽车品牌，达到 15 个。榜单中还包括金融服务品牌 12 个，奢侈品牌 9 个，快销品牌 9 个，科技品牌 9 个，商业服务品牌 8 个，电子品牌 7 个，多元化品牌 5 个，酒类品牌 5 个，媒体品牌 5 个，饮料品牌 3 个，餐饮品牌 3 个，物流品牌 3 个，运动品牌 2 个，零售品牌 2 个，服饰品牌 2 个，能源品牌 1 个。而 2020 年百强榜中最多的仍然是汽车品牌，仍然达到 15 个。

2000 年发布的第一份品牌报告中的 100 大品牌，只有 31 个还在 2019 年的名单上。在过去这些年，已经有 137 个品牌退出了百强品牌榜。可口可乐和微软是 20 年来一直保持在前十强的品牌。

该排行榜以海外销售额比例超过 30% 的企业为对象，Interbrand 将财务实力、未来发展潜力等换算为金额，对品牌价值进行比较。具体的品牌价值衡量指标包括：品牌产品或者服务的财务绩效，品牌在购买决策中扮演的角色，品牌的竞争实力及其建立忠诚度的能力，以及未来的可持续需求和利润。

此外，WPP 集团与品牌资产研究机构凯度 (Kantar) 在美国纽约发布了"2019 年 BrandZ 全球品牌价值 100 强"排名 (BrandZTop100MostValuableGlobalBrands2019)。亚马逊的品牌价值连升两位，取代谷歌成为 2019 年全球最有价值的品牌。前十大品牌的价值都超过了 1000 亿美元，科技、金融和零售品牌合计贡献了总价值的三分之二，占领先地位。而 2020 年全球排名前 100 名的品牌价值合计突破了 5 万亿美元大关，约等于日本的全年 GDP。

中国内地共有15个品牌上榜。其中，阿里巴巴的品牌价值增长了16%，达到了1312亿美元，排名上升到第七名。而腾讯的品牌价值则下跌27%，达1309亿美元，排名也下从第三名下跌到第八名。上榜的品牌还包括：中国移动（27位）、中国工商银行（29位）、茅台（35位）、中国平安（40位）、华为（47位）、中国建设银行（59位）、百度（63位）、京东（66位）、滴滴出行（71位）、小米（74位）、美团（78位）、中国农业银行（82位）和海尔（89位）。2020年有创纪录的17个中国品牌上榜，比去年增加了两个。中国上榜品牌总价值增速全球第一，茅台是全球价值增速最快的品牌，抖音是2020年五个新上榜品牌中排名最高的。

2019年的百强榜中有九个新上榜品牌：香奈儿、印度人寿、滴滴、小米、美团、戴尔、XBOX、海尔和塔塔咨询服务。

"BrandZ全球品牌价值100强排行榜"是WPP集团委托品牌资产研究机构凯度开展的一项调查，截至2020年已进入第15个年头。这项调查结合了各家公司的财务和业务绩效（使用来自彭博社股市数据）及来自370万全球消费者的洞察，覆盖了50多个市场上的16.6万个不同品牌。BrandZ品牌估值法明显有别于其他单纯依赖"专家"组或财务、市场案头调研的估值方法。

BrandZ是一种品牌估值工具，运用了MillwardBrown1998年发明的"品牌动力"研究方法，从消费者角度衡量品牌资产，同时结合了品牌相关的财务数据。BrandZ评估能够剔除品牌价值中所有的财务因素和其他成分，直击品牌价值的核心——品牌本身究竟为企业价值做出了多少贡献？BrandZ品牌估值流程如下：

首先，"品牌的金融价值"＝归属于特定品牌的公司利润×品牌乘数（品牌乘数参考了股票市场的市盈率倍数）其次，"品牌贡献度"BrandContribution，按百分比评估品牌的金融价值在多大程度上归功于品牌自身的力量。这是一个定量和定性研究的结果。

据 MillwardBrown 称，调研覆盖了 50 多个国家的 300 多万消费者和 1 万多个品牌。最后，"品牌价值"＝品牌的金融价值 × 品牌贡献度。

BrandZ 着重关注品牌的三个方面，认为这三个方面能促进购买，并让消费者为品牌支付更高的价格：

1. 有意义——感性和理性认同相结合。

2. 差异化——至少能够让消费者感知。

3. 突出性——当消费者购买某类商品时本能地想到某个品牌。

从 Interbrand 发布 2020 年全球品牌 100 强榜单，以及"BrandZ 全球品牌价值 100 强排行榜"，大家深刻意识到：中国经济未来必须从制造加工大国走向品牌大国。

另外，无论是麦肯锡 7S 模型，还是软实力，经济竞争中的战略、人力资本、品牌等越来越重要，有一批导向力、吸引力、效仿力强的品牌，才能在市场上有更大溢价能力和话语权。

近年来，中国 80 后、90 后、00 后的消费者对于新的文化时尚追捧非常强烈，品牌成为经济竞争的制高点之一。

2019 年 Interbrand 评选的世纪 100 个最有价值品牌里，中国只有华为。中国经济总量已经占全球经济总量 15% 左右，相当于美国的三分之二。但从品牌意义上看，差距还不小。另一个 BrandZ 的全球 100 最有价值品牌评选里，中国有 15 个品牌上榜。为什么 Interbrand 中国品牌如此之少？因为它有一个前提条件，是一个品牌在母国之外的营业收入必须要超过 30%。中国有很多高收入公司，包括中国的工农中建，中国人寿，国家电网，也包括 BAT，还有贵州茅台等，但他们收入的基本上来自中国市场。

如果跟美国相比的话，美国在 500 强里面有 132 家公司，中国有 115 家，从规模意义上我们很快就能赶上。但在品牌上，美国还是半壁河山。所以说，品牌是一个国家经济真正强大起来的重要标志。

为什么整体品牌的差距这么大呢？除了公司实力本身，与塑造品牌所需要的外部环境也有关系。

全球共有 30 大传播媒体，其中美国占 20 家，包括排名前三的谷歌、Facebook 和康卡斯特，以及迪士尼、20 世纪福克斯、CBS、时代华纳、雅虎、Twitter 等等。中国和德国各有三家，中国是百度、腾讯和 CCTV，业务主要集中于中国，而美国的 20 家媒体全部在全球发展。

全球五大广告营销传播集团分别是 WPP、阳狮、宏盟、电通、IPG。其中并没有中国，中国在品牌塑造、品牌传播方面还有很大的差距，中国的营销传播行业明显"小散化"。

如何定义超级品牌呢？无论是 Interbrand，还是 BrandZ，抑或是国内外各种品牌评估机构，我们都会发现，超级品牌有如下一个或多个特征：

1. 超级使命。超级品牌有自己的使命，有品牌梦想，不是简单追求赢利或利润最大化。

2. 超级品牌更关注小趋势，满足小众人群的需求，重视超细分市场。

3. 能够超越竞争，不断发掘需求，重构市场边界。

4. 超级品牌的管理层有超级认知，能够打破盲区，聚焦价值。

5. 有超级定位。所谓超级定位就是能够与竞争对手明确区隔开来，有明显的差异化与独特性。

6. 超级品牌往往能够不断打造战略新品，使战略新品成为未来的超级爆款，并成为超级品牌的撒手锏。

7. 超级优势。能够不断建立壁垒，重构优势。

8. 有超级符号，并且构建品牌图腾。

9. 超级品牌大多有海量的传播信息，广为人知，通过超级传播占领心智，成为首选。

10. 超级品牌往往具有超级销量，或者在细分领域独占鳌头，能快速提升销量，成为细分冠军。

战略制高点

通用电气前董事长兼首席执行官杰克·韦尔奇（Jack Welch），这位商界传奇人物是无数企业家的偶像，他被誉为"最受尊敬的 CEO"，"全球第一 CEO"，"美国当代最成功最伟大的企业家"。20 年间，他将一个弥漫着官僚主义气息的公司，打造成一个充满朝气，富有生机的企业巨头。在他的领导下，通用电气的市值由他上任时的 130 亿美元上升到了 4800 亿美元，也从全美上市公司盈利能力排名第十位发展成位居全球第一的世界级大公司。直到 2001 年 9 月退休，韦尔奇毕生只效力于通用电气一家公司。

韦尔奇在担任 CEO 期间，领导 GE 实现了一个又一个战略上的突破和发展，推动公司业务实现了长达 20 多年的高速成长，他的战略思维无疑会给我们很多有益的经验。

韦尔奇以他在通用的战略实践和切身体会告诉我们，制定公司战略对企业并不是一件高不可攀的事。

韦尔奇谈到，当他听完那些"战略大师"关于竞争优势、核心竞争力、虚拟商务、供应链、分解创新等战略理论之后，他的感受是："这些专家谈论战略的方式令我深感失望。在他们那里，战略仿佛是高深莫测的战略方法。"

对于那些图标、数据和理论模型等所谓的战略方法，韦尔奇认为："那不是制定战略，而是在受罪。"因为"陷入数据和细节越深，你在真正做事的时候就越有可能困住自己的手脚。"

那么，什么才是韦尔奇所认同的战略呢？他从与世界各地成千上万的商业人士的交谈中发现，"我所认识的绝大多数经理人都像我一样看待它——简单说，那就是一个行动纲领，需要根据市场波动的情况经常进行审视和修订。那只是一个重复的操作过程，并不像你原来相信的那样高深难懂或者生死攸关。"

韦尔奇认为制定战略"没有什么繁复的理论模型"，战略其实就这么简单："战略不过是制定基本的规划，确立大致的方向，把合适的人放到合适的位置上，然后以不屈不挠的态度改进和执行而已。"正是这种化繁为简的战略运作手法，才得以使 GE 的每一步重大战略都能有效执行并取得成功，韦尔奇自己总结道："简洁或许就是成功的原因之一。"

在中国历史上，诸葛亮为刘备谋划的《隆中对》，以及张宾对五胡十六国后赵开国君主石勒所作的《邺城对》，都为日后这两位雄主奠定霸业选准了战略方向。

以《隆中对》为例，诸葛亮对三顾茅庐的刘备说："今操已拥百万之众，挟天子而令诸侯，此诚不可与争锋。孙权据有江东，已历三世，国险而民附，贤能为之用，此可以为援而不可图也。"开门见山，诸葛亮为今后战略版图和国内政治格局的演变勾勒出了一个轮廓。

紧接着，诸葛亮指出："荆州北据汉、沔，利尽南海，东连吴会，西通巴、蜀，此用武之国，而其主不能守，此殆天所以资将军，将军岂有意乎？"他为刘备指明，眼前可以在两湖之地觅取战略根据地。

诸葛亮认为："益州险塞，沃野千里，天府之土，高祖因之以成帝业。刘璋暗弱，张鲁在北，民殷国富而不知存恤，智能之士思得明君。将军既帝室之胄，信义著于四海，总揽英雄，思贤如渴，若跨有荆、益，保其岩阻，西和诸戎，南抚夷越，外结好孙权，内修政理；天下有变，则命一上将将荆州之军以向宛、洛，将军身率益州之众出于秦川，百姓孰敢不箪食壶浆以迎将军者乎？诚如是，则霸业可成，汉室可兴矣。"这是诸葛亮为刘备谋划的下一步发展方向，即择时拿下四川，进而奠定汉室复兴的坚实基础。

最后，诸葛亮建议刘备站稳脚跟之后，随即问鼎中原，一成帝业。

诸葛亮在《隆中对》中，为刘备指出了成就霸业的途径：荆州是兵家必争之地，而刘表势弱，存在着先取荆州的机会；益州之主刘璋欠缺才能，可以从容取之。这就是他为刘备事先点明的战略方向。

刘备素有鸿鹄大志，在遇到诸葛亮之前，有关羽、张飞、赵云等骁将供其驱使，帐下也不缺乏运筹帷幄的谋士，但却颠沛流离，尝尽艰辛，直到遇见诸葛亮。《隆中对》使刘备在厄运中看到希望，为其规划了"复兴汉室"的路线图；诸葛亮一生的军事战略思想，集中反映在《隆中对》。诸葛亮为其做战略规划，指明发展方向，局面才开始大变。从此佐助刘备鼎足三分，创立基业。

接着再看后赵石勒与张宾的《邺城对》。《邺城对》是张宾在邺城外与石勒之间的对话，张宾为石勒制定了一统天下的战略方针。

西晋末年的八王之乱，导致五胡乱华。羯族大将军石勒雄才大略，欲饮马长江，攻占东晋都城建业。

永嘉六年(312年)二月，石勒军准备南攻建业。而此时镇守建业的司马睿会集江南兵力于寿春，派扬威将军纪瞻都督诸军以防御石勒。当时江淮地区连降大雨，晋军因饥饿和疾病，死伤惨重。

石勒召集部下商议对策，右长史刁膺主张投降后待晋军南撤伺机而动，而石勒则坚决反对。夔安、孔苌、支雄等人都向石勒提出了各自建议，石勒都不满意。最后，石勒问张宾："你看应该怎么办呢？"

张宾说："将军攻陷帝都，囚执天子，杀害王侯，妻略妃主，擢将军之发不足以数将军之罪，奈何复还相臣奉乎！去年诛王弥之后，不宜于此营建。天降霖雨方数百里中，示将军不应留也。邺有三台（即铜雀台、金虎台、冰井台）之固，西接平阳，四塞山河，有喉衿之势，宜北徙据之。伐叛怀服，河朔既定，莫有处将军之右者。晋之保寿春，惧将军之往击尔，今卒闻回军，必欣于敌去，未遑奇兵掎击也。辎重迳从北道，大军向寿春，辎重既过，大军徐回，何惧进退无地乎。"

张宾此计策看似简单，实际上对石勒的战略决策非常的重要。张宾先驳斥了投降的可能性，指出石勒攻陷帝都，囚执天子，杀害王侯，是西晋灭亡的元凶，投降之后绝对不会受到原谅。这等于断了石勒的后路。

其次，张宾认为，石勒应该把发展重点放在华北，特别是重镇邺城。另外，张宾认为晋军只求自保，不会追击，因此可以安全撤退。

石勒认同张宾的建议，决定率军北还，并把重点放在经营北方。从此，之前专打游击战的石勒开始有了稳定的根据地。其后，石勒全军不但摆脱了晋军的追击，安全北返，而且在黄河流域荡平群雄，奠定了帝基。

张宾同石勒在邺城外的这番对话，被称为《邺城对》。从《邺城对》中，我们可以看出张宾具有战略头脑，他虽不是军事家，却有高瞻远瞩的战略意识。

石勒从《邺城对》中看到了前途和希望，斗争目标更加明确具体，率军撤离邺城而北上，到达襄国。襄国防守力量薄弱，石勒兵不血刃，于公元312年7月，轻松占领襄国，建立了以襄国为中心的根据地。至此，结束了石勒的流寇作战。

石勒一生中有几次大的军事战略转变，其中一次就是从流寇作战到建立襄国根据地的战略转变。这次转变，改变了石勒一生的命运，使他一步步走向统一北方的大业。

张宾的《邺城对》和诸葛亮的《隆中对》，其主要内容可以概括为四方面。张宾的《邺城对》第一步是以邯郸或襄国为都；第二步是消灭晋幽州刺史王浚和并州刺史刘琨；第三步是统一北方；第四步是统一天下。对于第四步，《邺城对》虽未明确提出，但张宾自比辅佐汉高祖刘邦统一天下的张子房，将石勒比作汉高祖。很明显，统一天下是他们的最终目标。

诸葛亮的《隆中对》的第一步是占领荆州；第二步是西占益州；第三步是灭北方曹氏集团；第四步统一天下。《隆中对》也未明确提出第四步，但提出"复兴汉室"，自然是统一天下。

张宾的《邺城对》实现了前三步，灭前赵统一北方，形成后赵强东晋弱的南北格局。诸葛亮的《隆中对》只实现了一步，就是占领益州，虽刘备一度占领荆州，但又失荆州。《隆中对》指出灭曹魏有一个先决条件，就是"天下有变"，当然这个"变"是有利于蜀汉的"变"，可一直到诸葛亮死至蜀汉亡，这个"变"也未出现。《隆中对》实现了一步，《邺城对》实现了三步，并不是说《邺城对》比《隆中对》高明，而是石勒、张宾和刘备、诸葛亮所处的历史条件不同。

由此可以看出，战略规划对一个人的事业发展是何等的重要！诸葛亮的《隆中对》，以及张宾的《邺城对》，都为日后刘备、石勒这两位雄主奠定霸业选准了战略方向。

那么，战略是什么呢？战略＝方向 × 执行力。需要特别强调的是：执行力也是战略的一部分，好的战略，依赖于好的执行力。战略不是虚无缥缈的东西，战略一定要结合执行力、团队能力、你的位置、确切打法等等。想清楚之后，开启一场战役，才能胜券在握。

许多企业老板，总认为靠执行力就能取胜。可往往在企业中，员工努力，高层优秀，公司却做不起来。问题就出在战略上，或者说，能否把握好"战略制高点"是企业成功的关键。

战略位于两个重要现象的端口：一是管理的专业化；二是领导者及企业对未来发展前景的本能设想。

21世纪，管理的重要性更加凸显。企业要制造出更多的产品，不仅需要新一代的专业人才，与亚当·斯密所说的"看不见的手"相比，更需要"看得见的管理之手"。在管理活动的初期，我们就清楚地知道，规划是管理者的核心活动之一。早在20世纪，法国思想家亨利·法约尔就曾首先提出这一观点。法约尔将其简单地概括为："管理就是预测、规划、组织、指挥、协调及控制。"

其中，预测与规划属于战略管理的范畴。战略是指导管理者的重要因素之一，即使在企业处于衰退、混乱的时期，战略也在管理中起着核心作用。如果我们处于尔虞我诈、竞争激烈的丛林之中，战略可以帮助我们寻找出路。

商场如战场，商场上每个人都迫切希望找到压倒竞争对手并获得长期利润的优势和方法，甚至有时会为此不顾一切。这就需要战略。战略是组织一个企业开展活动、实现目标的规划或行动方式。好战略的关键就在于创造新市场、新产品及新产业。与其说战略是争取现有行业的市场份额，不如说是争取未来的产业。企业理应着眼于开发新市场，但不应以牺牲当前业务为代价。

按照传统的经营管理理论，衡量一个企业成功的标准是什么？是市场占有率、市场地位、利润规模与利润率？还是品牌知名度、美誉度、企业价值或者具有吸引力的企业文化？

都是，也都不是。因为这些指标都是结果性指标。就是说，你做得对不对、好不好在没有出结果之前是难以预测的，这样的指标对评价企业经营管理效果也许有一定价值，但对如何指导企业设计、创新、完善自身商业模式则毫无用处，甚至还有可能起反作用。当企业都不了解要构建什么样的商业模式时，一味追求产品市场占有率、利润率、管理效率、品牌美誉度和知名度，就会误入歧途。

诺基亚手机、柯达胶卷及索尼电子等这些曾经非常成功的企业都在追求这些指标，但也是在对这些指标的追求过程中陷入困境，这就说明这些指标不能作为衡量战略好坏的标准。成功的战略与失败的战略相比，一个最突出的特征，就是在一个或者多个基因点上获得绝对优势或者保持领先，在一个或者多个领域占领产业制高点。这就是商业制胜的核心法则，也叫作"制高点法则"。实施"制高点法则"的战略规划，称为"战略制高点"，也称为"高点战略"。

另外，战略适用于任何公司，有公司的地方就需要战略，与公司的大小没有关系。许多人认为有关战略的建议主要适用于大公司，这种理解是错误的，人们往往把战略理解得过于复杂了。杰克·韦尔奇在《赢的答案》一书中提出：无论是小公司还是大公司，都可以通过回答以下五个关键问题来明确它们的战略：

我们与竞争对手一决高下的赛场在什么地方？

我们的竞争对手最近在做什么？

我们最近做了什么？

你最担心将来发生什么事情或变化？

基于以上情况，我们该采取什么对策？

很显然，这一短暂的、没有任何高深理论的过程不需要任何理论书籍或咨询师来指导。它只需要一个能够把握最新信息、胸怀远大、敢于提出不同意见、积极敬业的团队就可以做到，最终，他们可以为你酝酿出一个高效的竞争方案——战略。

占据高点，把控未来

每一次技术革命，必将带来生产力的巨大进步，每一次技术革命，也必将孕育出一批巨型公司，从工业时代的福特、通用电气、埃克森美孚，到信息时代的IBM、英特尔、微软，再到数字化时代的苹果、谷歌、亚马逊，都是科技进步结出的丰硕成果。

而这些行业巨头，都在不断追求卓越，及时顺应时代、科技发展的趋势，准确地掌握了科技发展的方向，从而占领行业高点，成就了伟业。

日本投资家孙正义认为，过去二三十年来，互联网是最大的发展趋势和方向。而未来30年，是人工智能（AI）和物联网（IOT，Internet of Things）的世界。

孙正义举例说明，1900年的美国纽约第五大道，街道上可能只有1辆汽车和 99 辆马车。而 13 年之后，街道上出现了 99 辆汽车和 1 辆马车。仅仅过了 13 年，街道上车辆取代了马匹。2000 年纽约的第五大道，还是一番车水马龙的情景。那么在 2035 年会发生什么？2035 年，自动驾驶汽车会取代如今的汽车。同时，人工智能（AI）会取代人力，就如同当初汽车取代马车一样。

那么，作为划时代的事件，工业革命是如何发生的？孙正义认为，是因为企业家精神造就了工业革命。亨利·福特的量产汽车工厂，将大量汽车带入人们的生活。但汽车需要大量石油，于是洛克·菲勒的企业供应了石油。这两者的结合，才有了汽车产业的雏形。爱迪生的电力企业，让电走入千家万户。而 J.P. 摩根则为企业提供大量的投资和贷款。正因为有了他的资金支持，才大力推动了这些变革的企业。

1960 年，全世界的大公司基本上分两类：汽车和能源。在那个年代，投资这两类公司，就等于投资了未来。当时美国的农民占总人数的 64%，而现在，美国的农民占总人数 2%。因此工作的定义也随着工业革命而改变。当年对于工作的定义，就是好好种地当农民。而现在 98% 的人，对于工作的定义，是工业和服务业。

改变是持续发生的，人类继工业革命后的下一次革命，毫无疑问是信息革命。全球网络的流量，从最早的 1995 年到 2018 年，增长了 100 万倍。而全球互联网公司的市值与网络的流量，完全成正比，等量暴增。这足以证明，过去这二三十年来，互联网是最大的发展趋势和方向。

2020 年市值排名前十的公司中有七家是网络公司：微软、亚马逊、苹果、谷歌、脸书、阿里巴巴、腾讯。30 年前，布局、投资网络就行了。那下一个蓝海在哪里？未来 30 年，或者说 30 年后，市值排名前十的公司都有哪些？30 年后，市值排名前十的公司里，会有大量的 AI 公司。就像今天，市值排名前十的公司里，有 7 家是网络公司一样。未来是 AI 的天下，是人工智能的未来。亚马逊、谷歌、阿里巴巴、腾讯、百度，这些正在不断朝 AI 发展的网络公司，30 年后可能依然会有它们的身影。

人工智能（AI）带来的变革，将比以往的农业革命、工业革命更大、更广泛。处理器的运算能力，记忆体的储存能力，互联网的传输能力，在这 30 年中，都成长了 100 万倍。再过 30 年，很有可能再成长 100 万倍。也就是说再过 30 年，AI 将比现在聪明 100 万倍。那人类 30 年后，会比现在聪明 100 万倍吗？显然不可能。但是 30 年后的人工智能，就会比现在的人工智能聪明 100 万倍。电脑会超过人脑，AI 智慧会超过人类的智慧。

人类正常的智商（IQ）都在 100 左右，罕见的天才爱因斯坦是 190，达·芬奇是 205。30 年后 AI 的智商将会是 1 万，这是人的智商无法达到的，"人工智能"却有可能。当然人类与 AI 最大的差别不在智商，而在情感与创造。情感与创造是智商再高的 AI 都无法做到的。但未来在很多方面，AI 都将比人类做得更好。而且 AI 最强的能力，其实是预测。AI 将广泛用于预测领域，尤其是精准预测领域。

此外，机器人不只是在数量上有所成长，运用于机器人的 AI 也会随之大幅成长。而机器人并不一定就长得像个"机器人"，有时候是一个盒子，或一个智能音箱，也能发展成为一个"机器人"，来为人类提供全方位的服务。

未来你去麦当劳，将是机器人点餐，麦当劳里不会再有服务员。而且这些机器人都将高度智能化，它们会对你进行精准预测。当你走进这家店时，它就知道你的"大数据"，知道你想要什么样的饮食。或者你刚打完篮球，走进麦当劳，AI 会直接给你冰冻饮料。另一种场景是，当你坐进无人驾驶汽车里面，只要说一声去麦当劳，随后 AI 会帮你处理好一切，当你的车停在麦当劳窗口时，你的东西就已经送到了。AI，并不是单纯的个体，它是一个结合大数据的万物互联的整体系统。因此，2040年之后，机器人的数量，很有可能将超过人类的人口数量。

对于未来的生产制造企业，只要做好设计就行了，生产工作交给机器人来做。如果你的机器人使用效率够高，参与设计的人数够多，就能够在一定的领域取得领先优势。

接下来另一个趋势是物联网（IOT，Internet of Things）。未来的世界，一切的东西都是IOT，都是彼此相互连通，相互关联的。这使处理的效率更高，更快速。未来不只是你和物品的沟通，物品和物品间也会相互沟通。物品间的相互沟通会在物联网的时代成为很普遍的事。物联网市场到2035年，规模将比现在大1亿倍。

未来的自动驾驶汽车，安全高效，车祸发生率大幅降低。未来的世界，AI帮助人们解决疾病问题。AI机器人将参与救援与救护行动，AI还可以做到陪伴与护理老人。AI让食物生产变得更安全，更可追溯。AI会带给我们很多快乐，同样智能算法会知道消费者更喜欢哪种快乐。AI不是要和人类竞争，AI是要帮助人类让生活变得更好更安全，这就是未来的世界。而孙正义和他的软银，也正致力于打造这样一个世界。

此外，在互联网预言大师凯文·凯利20年前的作品《失控》中，便已提前预见了移动互联网的商业应用：物联网、云计算、虚拟现实、网络社区、大众智慧、迭代。这对我们把握未来商业的高点大有裨益。

凯文·凯利认为，跟30年后相比，现在的我们仍一无所知。所有的东西都在不断升级，所有的事物都在不断进化，所有的一切都处于流动状态，都在不断地改变。

比如，有形的产品变成了无形的订购服务，过去在商场才能买到商品，现在网上购物。比如从硬件到软件，现在所有的东西都是软件，这也是流动的趋势。现在，名词变成了动词，有形的东西变成了无形的。还有产品向服务转型，之前卖产品，是有形的，现在采取订购，订购服务，是无形的。凯文·凯利还认为，我们处在一个液态世界，所有的东西都在不断地流动，不断升级。

他还认为，未来技术将和人工智能结合，技术让所有的东西更加智能，这个智能化的过程就是技术带来的改变，会给社会带来根本性变革。例如，看X光方面的专家会被人工智能取代，法律方面的AI可以比人类律师助理更高效地阅读文件。还有飞机驾驶员，一趟飞机的航程是12小时，人类飞行员只需工作七八分钟，剩下的时间都是AI驾驶飞机，这些都已经发生。比如，Google的无人驾驶汽车。因为它们的思考方式跟我们不同，它们不会考虑杂七杂八的事情，只专注于开车。

在AI方面，Google训练人工智能玩电子游戏，Google不去教AI怎么玩，而是教AI怎么学习，AI与人类的不同在于思考的方式不同。未来将有数以万计创业公司，它们从事的是将人工智能用于某一个领域的工作。使用者越来越多，机器会越来越聪明。

很多人担心，机器人会跟人类抢工作。有一些工作实际上是可以直接让机器人来做的，AI做的事情不是要让AI更聪明，而是让AI自己去学习。有很多新工作，是机器人去帮助完成，工作职位是不断增加的。AI帮助人类从电力电气、蒸汽时代到多彩纷呈的现代世界。现在的汽车，人类用手的肌肉力量即可开动250马力，假设将250马力的车转换成250种思想，那么你开的就不是车，而是自动化的电脑。人类未来的目标，是将智力作为一种服务，像电力一样传输。

因此，对效率要求不高的工作更适合人类。任何看上去特别重复性的、没意思的、毫无乐趣的事情，都可以让机器完成。未来不管是在哪个领域，都是人与机器合作。与人工智能的合作表现决定了你的薪酬，你必须要和机器进行合作，而不是和它们对抗。

此外，凯文·凯利还认为，一个屏读（Screening）时代即将来临——任何一种平面都可以成为屏幕。

这个趋势已经围绕在我们周围了，屏幕无处不在。任何一种平面都可以成为屏幕，看的书是一个屏幕，接触的所有平面都可以是一个屏幕，甚至人的衣服都可以当成屏幕。

不同的屏幕之间形成生态系统，不仅我们看它们，它们也在看我们。屏幕可以跟踪眼神，知道我们注意力聚焦在那儿，重视什么，然后改变屏幕上呈现出来的内容。

情绪跟踪就是很好的例子，屏幕可以做注意力跟踪、情绪跟踪。可以根据用户的注意力、情绪做调整。知道你什么时候高兴，什么时候困扰。我们即将进入屏幕时代，无处不在的屏幕，以前是读书，现在是读屏。

还有一个重要变化，你做的所有生意，都是数据。

现在我们处于一个数据流动的时代。现阶段就是流标签，云端组成各种各样的流，通过微信、微博、Facebook等，我们可以听流媒体上的音乐，看流媒体上的电影电视，所有东西都成为一种流。

什么东西在流动呢？数据，不管是做房地产、医药、化工，还是教育，你做的生意就是数据。商业乃数据之商业。归根结底，你处理的都是数据。处理数据和处理客户一样重要。全世界都处于同一个经济脉搏。因特网像一个城市，而不是一个企业，因为它拥有着无限增长的特质。比如Facebook现在有15亿人的社交连接，15亿人相互连接可以做的事情很多，可以产生的价值也不可估量。

很多公司已经意识到了这一点。大数据像是形成了超级生物体，远远超过人脑的容量，这样一个巨大的机器星球，其实是全球化的一个运作，全世界的经济好像都以同样的脉搏在跳动，以同样的行为方式在运作。当然，我们要认识到，大多数创新都是现有事物的重组。

经济学家发现，全新的东西很少，大多数创新都是现有事物的重新组合。这种重组就是"重混"。这是世界发展的方向，重要的趋势。做重组或者重混时，首先要做一个拆解，把它拆解成非常原始的状态，再以另外一种方式进行重组，之后不断进行这样的循环，就像你把乐高拆开后再组装。

作为传统时代营销利器的报纸也是一样，报纸是一个组合，将不同的东西组合在一起：生活消费信息、体育赛事、天气情况、各种书评等。互联网也是，不同的信息组合在一起，把之前所有的报纸拆解了，然后组合在一起。同样，我们也可以拆解银行，把不同的银行功能分解之后重新组合起来，汽车也是这样，基本上所有的东西都可以这样做。把化学概念运用到企业当中来，就像一张元素周期表，看一下企业当中的元素周期表，有哪些必要的元素，进行多次拆解重组，会形成新的东西。企业想要升级，需要拆解企业的构成，再进行重组，在重组的过程中产生新事物。

谈到营销，本质上比拼的是注意力。这是一个注意力经济时代。能吸引注意力，就能赚到钱。现在有各种各样的选择，比如，每年会有600万首新歌，不可能全部听完，电影、书、杂志、文章也是如此。我们肯定需要一些人来帮忙，找到真正需要的东西，这就叫作过滤。我们是缺乏注意力的，所有的东西都变得越来越丰富，唯一变得稀缺的是人类注意力，没有哪一种技术可以增加你的注意力。时间、金钱是会随注意力走的，你能够吸引注意力，就能够赚到钱。只要人们在这个地方灌注了注意力，肯定希望在这方面产生价值,从中赚到钱。既然注意力是世界上最珍贵的资源,那么付出了注意力,就应该拿到报酬。比如,我如果看了广告,就应该拿到报酬。

未来按需提供的服务,比拥有这件事物的比例要高。今后年轻的消费群体就像游牧民族一样,他们在世界各地旅行,但是他们什么东西都不用带,需要什么东西的时候,在哪儿就能够拿到。再过二三十年,新新人类无论去哪儿都不用带东西,去任何一个酒店,它们都会提供你想穿的衣服,你穿完后留在那里,酒店会帮你清理好。甚至连手机都会消失,因为你走到哪里都会看见平板,平板可以认出你是谁,然后变成你的屏幕。整个世界都是你的,它非常了解你,你需要什么就给你提供什么,想去哪里都可以。不需要行李箱,不需要任何东西,去哪里都有相应的服务,就像是新型游牧民族,不需要携带,游走世界。

凯文·凯利认为下一波技术颠覆包括——

航空公司的颠覆者是无人机,而银行的颠覆来自比特币、支付宝等外部公司。电信行业颠覆不是来自手机、移动通信网络,而是来自无线网。汽车的颠覆不是来自汽车,而是特斯拉,带轮子的计算机。物种进化过程中不断思考如何进化来提升适应度,适应度弱的物种就会被淘汰,高适应度的物种就会存活下来。因此,企业要不断把握未来商业发展的趋势,不断追求发展的高点,才能与时俱进,立于不败之地。

【案例】小米高点战略：布局新零售

零售，是把最终付钱的"人"和"货"连接在一起的"场"。雷军说："新零售，就是更高效率的零售。我们要从线上回到线下，但不是原路返回，而是要用互联网的工具和方法，提升传统零售的效率，实现融合。"

小米新零售是小米战略演进的关键战场，而小米新零售中最具代表性的就是小米之家，小米的主要策略就是手机+AIoT双引擎。

小米之家三板斧：人、货、场

小米一直以来持续布局线下新零售，自2015年9月12日，全国第一家小米线下的商场店——小米之家北京当代商城店开业，迈出了线下布局的第一步，从此不断在新零售的道路上探索。

人、货、场是新零售涉及到的三个维度，粉丝、爆品、场景是小米之家的三板斧。对粉丝的重新理解与激发，通过爆品对货进行全新设计与运营，从而对线下与线上场景的进行创新性融合与交汇。

1. 人——粉丝

人是小米新零售模式的核心，体现在小米与粉丝的深度连接和多频互动中，小米营销成功的基础就是粉丝。小米通过互联网营销聚合了海量粉丝，打造围绕粉丝的商业生态。小米从线上起家，通过电商形成米粉的线上社区，小米之家打造的是米粉线下社区，通过零售终端再度会聚粉丝，激活粉丝，点燃与满足粉丝内心渴望被关注、被认可与被欣赏的深度需求。

"因为米粉，所以小米"，是小米不变的初心。

2. 货——爆品

小米通过生态链，源源不断向市场提供优质的小米产品，通过对消费者的深度解读，结合消费升级，通过价格实惠的爆品，冲击客户的视觉、触觉与感觉，以满足消费者的新鲜感、新奇感。以小米生态链的云米为例，在云米开始做智能净水器前，市场已有的净水器都或多或少存在漏水问题，这就是消费者的痛点，如果云米不能解决，避开这一核心痛点问题，仅在其他方面"添枝加叶""隔靴搔痒"的话，也断然不会赢得消费者的青睐，云米集中多位技术黑马组成联合团队，针对核心痛点进行应用技术的深度攻关，同时试验3套方案，不断改进材料，最终研发出"集成水路"。

3. 场——场景

小米的场即是销售产品的物理场，也是连接情感的粉丝场。小米之家确实打造了线上粉丝在线下会聚的家园，通过情感连接，米粉在这里再次找到回家的感觉。在小米之家，米粉可以一起交流，天南地北的米粉聚集在一起，在逛完小米之家后可以一起聚餐，形成米粉部落，基于粉丝社群建设和情感连接的场景模式，聚合粉丝，持续"燃烧"了粉丝心中的文化共振、兴趣同频与爱好相投的"情感之火"。用户则在这种温馨的场景下，产生情感共鸣，触发持续的消费冲动。

新零售之四把火

今天的用户无限多元，极致个性，快速迭代，呈现长尾化趋势，更追求产品的附加值、审美、品质，消费也更加个性化、情感化和社交化。

零售行业的竞争力就体现在如何打造用户的极致体验，让消费者为体验买单，洞察消费者，反向帮助供应链升级，聚焦与升级更加优质的产品。新零售为今天商业的微观生态带来了巨大改变，从商业层面上来看，新零售将重构商业形态，建立一套全新的商业法则与生态营销体系。

在消费升级的环境下，新零售更"懂"消费者，消费者是商业模式重构的核心，通过技术升级创造更多价值，是新零售的基础理念。传统环境下零售与供应商的关系是对立冲突的，零售商与消费者的关系也是相对独立的。而新零售打造了持续互动的零售商与消费者之间的关系，通过线上、线下与社群的融合购物新场景，强化消费者全渠道、多场景购物体验，全面重构厂家、渠道与消费者的关系。

同时，新零售环境下零售商为供应商赋能，通过建立消费者画像的数据服务，帮助供应链升级，优化产品线结构，与供应商重新建立彼此信任的合作关系。新零售的四大关键是会员、数据、体验、坪效。小米通过巩固会员、数据驱动、新型体验和追求坪效四个方面构筑起新零售的坚实阵地。

一、巩固会员

新零售环境下，企业将会员管理提升到战略高度，将固定会员的经营作为战略布局实施，目标就是打造"客户资产"。传统零售关注的是消费者当下的价值，新零售关注的是消费者的终身价值。新零售把传统消费者变为会员，通过分析会员的信息，挖掘消费者后续消费能力，汲取终身消费价值。新零售企业通过会员积分、等级制度等办法，增加会员的活跃度，使用户生命周期持续延伸。新零售企业通过会员营销，让用户体验到独有的价值，加深用户情感投入，提升用户黏性。

二、数据驱动

新零售的发展需要依托数据支持，阿里巴巴 CEO 张勇曾经说："新零售企业必须是一个数据驱动的公司，企业建立大数据云平台，终端采集的数据实时传输到云端，形成数据资产，是新零售的业务关键。"

新零售帮助企业建立全息消费者画像，企业提升的焦点放在如何利用大数据来为精准营销服务，深入挖掘潜在的商业价值。用户画像是大数据的基础，可以抽象出用户的信息全貌，能够帮助企业快速找到精准用户群体以及用户需求等重要信息。企业随后根据用户画像，深度经营顾客关系，基于客户需求提供精准营销，然后追踪客户反馈的信息，完成数据赋能的闭环。大数据提升企业的运营能力，一方面可以根据用户需求改善产品，另一方面通过一对一精准服务提升用户体验。

三、新型体验

场景已成为极具驱动力与颇具威力的营销模式，传统的思维是物理场地，但是场景包含了对消费者生活方式的整体洞察与解读，强化了商家与消费者的连接，更易形成信任关系。新零售就是通过打造完美消费场景为用户提供极致购物体验，从而加强与消费者的连接。现在，以消费者为中心的会员消费模式，支付、库存、服务等方面数据已全面打通，大数据云平台与线上线下商业联合，为用户带来全链接消费的新型体验。

四、极致坪效

坪效（单位门店面积的营业额）。为了这个目标，小米在流量、转化率、客单价、复购率等方面做了很多探索。

首先,大数据选品。线下的面积是有限的。什么东西好卖,就卖什么。那么什么东西好卖呢?由于已经做了几年的电商,小米根据之前积累的互联网数据来选品。线下店首先可以优先选择线上被验证过的畅销产品,比如米6手机、手环、电饭煲等。如果是新品,则根据口碑和评论来判断,观察前一周的评论,评论不好的就淘汰。

其次,打通全渠道。小米把零售全渠道从上到下分为三层,分别是米家有品、小米商城和小米之家。米家有品和小米商城是线上电商,拥有更多的商品。米家有品有20000种商品,是众筹和筛选爆品的平台;小米商城有2000种商品,主要是小米自己和小米生态链的产品;线下的小米之家有大约200种商品。

最后,从线下往线上导流。用户在小米之家购买商品时,店员会引导用户在手机上安装小米商城的App,下次购买就可以通过手机完成,而且在小米商城,有更多的品类选择,并且没有线下的租金成本。

通过打通线上线下,在店内就能拿到产品,享受了即得性购物体验;如果店内没有商品,可以扫码,在网上购买。这样,到店一次的用户,就会成为小米的会员,之后更有机会成为小米真正的粉丝,产生持续的复购率。

小米之家五大发力点

一、客流量

影响客流量的是选址,在选址方面小米通过大数据选址,锁定米粉的位置,并在物理上对标快时尚,快速获取客流量。同时在选址的时候,小米也会和各个地产商做一个系统的合作。在选商场的时候会看整个商场的盈收，计算商场的客流量，这都是选址的前提。

此外，将低频变成高频，也是提升客流量的方法。消费者更换一个手机需要一年半，而小米之家共20到30个品类，大概300个SKU，所有的低频组成一个相对的高频，这样可以让消费者一周来店逛一次，或多或少选购一些东西。

二、转化率

比如，今天100人中成交了15人，也就说转化率是15%。小米秉持爆品战略，这是一种极致单品的思维，一个品类，小米可能只布局2到3款产品，来达到单品销量最大化的目的。单品销量最大化可以降低供应链的成本，进一步降低价格，通过单品销量最大化，确保每个产品都是爆款，去增加转化率。小米提高转化率的关键是通过大数据选品，利用后台及线上的大数据，能够优选线上卖得好的产品，到线下店来进行销售，同时线上卖得不好的，比如平衡车，体验性不强的，小米可以放到线下。

三、客单价

小米注重连带率，希望消费者进店一次可以买到2到3件产品。小米为此在技术上做了一些关联和协同。比如，一个消费者到店里买了一个199元的摄像头以后，他可能还要搭配一个路由器。因为买路由器可以将摄像头的监控录像保存30天，同时小米在店里也做一些关联的标识。

此外，小米的产品可以在店内体验，比如说平衡车，儿童的积木，可以让儿童组装。小米无论是手机还是家电，它的成交单价都是高于线上的。这是因为线下有极强体验感。另外，小米还通过活动打包的形式，提高消费者的客单价。

四、复购率

小米秉持一种超级用户思维，他们经营用户的生命周期，从单店的经营转化成对单客的经营。

小米一方面强化品牌，另一方面打通全渠道，通过双向引流，提高复购率。比如，消费者购买了一个小米产品，店员会引导消费者下载小米的App，回到家以后，它可以持续在App上复购。

五、重口碑

小米之家是非常注重口碑的。所有店员的考核标准只有一个，就是用户满意度，一个消费者从店里买完产品以后，会收到一个短信，要求给店员的此次购买打分，打分以后会得到一个小礼品，通过这种方式得到用户的反馈，刺激店员对用户的服务热情，提高用户的口碑，进而提高整个小米之家门店的复购率。

【反面案例】瑞幸：资本驱动下的盲目逐利

2019年5月17日，北京时间晚8点，瑞幸咖啡在美国纳斯达克上市，发行3300万份ADS（美国存托股份），每份定价19美元，股票代码为"LK"。而此时，距离瑞幸咖啡上线试营业仅502天，不到19个月。新的IPO（首次公开募股）速度纪录就此诞生。更值得注意的是，从发布招股书到正式上市，瑞幸咖啡仅仅花费了25天，相对于2018年以来上市的中概股（中国概念股）公司，这创造了一个新的纪录，此前最快纪录是拼多多的27天。

然而，就是这样一家明星企业，在上市不到一年的2020年4月2日，爆出COO带头伪造交易22亿元人民币的丑闻！瑞幸咖啡盘前跌超80%！

北京时间2020年4月2日晚（美国东部时间4月2日上午），在美国上市的瑞幸咖啡（LK.O）发布公告：发现公司内部存在虚构成交数据等问题，虚构金额居然高达 22 亿元人民币。

消息发布之后，瑞幸咖啡在美股盘前询价即狂跌 84%，开盘后股价六次熔断，最终收于 6.4 美元，较前一日跌去 75.57%。受瑞幸股价暴跌影响，与其相关的神州租车（0699.HK）4 月 3 日港股开盘后一度跌超 70%，后宣布停牌，停牌前下跌 54.4%！

瑞幸大跃进的秘诀——快

"快"是贯穿瑞幸咖啡发展的主旋律，也是市场评价瑞幸咖啡最常用的一个字。开店快，发展快，烧钱快，还有上市也快！

早在 2016 年年初，瑞幸创始团队就开始细化商业模式和搭建财务模型，包括单店模型和单杯模型，沙盘推演了各种竞争情况下的应对策略，系统计算了业务发展所需的资金需求和融资节奏。

2016 年年中，创始团队组织了一支数百人的技术团队，开始开发全套的信息系统。在此基础上，2017 年 10 月，北京的联想桥店和银河 SOHO 店开始进行系统"内测"和"外测"。

瑞幸有多种门店模式，战略重点是在快取店上，目前占比 91.3%。快取店主要集中在写字楼的大堂、企业内部，以及人流量大的一些地方，面积为 20~60 平方米，小一点的没有座位或者有较少的座位。这种小店面积小，大大降低了开店门槛，装修简单，租金也比较低，这是瑞幸开店节奏如此之快的原因之一。为什么聚焦在快取店？中国咖啡消费方式的比例统计中，70% 的客户是带走喝，只有 30% 的客户是在店里面喝。瑞幸目前聚焦的就是这 70% 的需求，不是"第三空间"而是"无限场景"，这个是瑞幸的核心战略目标。

瑞幸咖啡以技术为驱动，以数据为核心，将客户端、门店端和供应端三者打通。客户端帮助与客户建立密切的数据联系，而新型门店智慧运营方式，使门店运营变得非常简单。瑞幸门店的员工不用点单，也不用收银，只需要在接到订单后认认真真地做好一杯咖啡，打包装袋，等着客户来取就可以。

对瑞幸咖啡的店长而言，也不用管理库存，不用管理排班，这些传统咖啡厅要做的事情都不用做，而是交给系统来做，系统收集客户的消费数据对销售进行预测，来确定订货应该怎么订，排班应该怎么排，资源的供给如何满足销售的需求。所以，门店运营变得非常简化，店长和店员的工作变得非常简单。

瑞幸的商业模式，是通过交易模式的创新和技术的应用，从根本上改变了原有咖啡行业的交易结构，从而带来了交易成本的显著下降。同时，通过和各领域顶级供应商的深度合作，为客户带来高品质、高性价比和高便利性的咖啡及其他产品。瑞幸咖啡商业模式的本质，是在客户和供应商之间搭建起了一个最为高效的销售渠道和流通平台。

因此，瑞幸真正的"快"，不是开店之"快"，而是效率之"快"。瑞幸模式和传统模式的不同，是数字时代更迭之下底层基础设施的不同，体现在客户端、运营端及业务发展端。

资本驱动下的造假事件

2020年4月2日，瑞幸宣布，公司董事会成立特别委员会，负责监督在截至2019年12月31日的财年合并财务报表审计期间，提请董事会注意的某些问题的内部调查。该调查初步信息表明，自2019年第二季度到2019年第四季度，瑞幸咖啡虚假交易相关的总销售金额约为人民币22亿元。在此期间，某些成本和费用也因虚假交易大幅膨胀。

同时，报告也提及，上述数字尚未经过特别委员会和其顾问或公司独立审计师的独立验证，并且可能会随着内部调查的进行而改变。公司正在评估不当行为对其财务报表的整体财务影响。

在报告中瑞幸称，公司首席运营官兼董事以及向他报告的几名员工从事了不当行为，包括捏造某些交易。对此，特别委员会建议采取某些临时补救措施，包括暂停涉嫌不当行为的雇员的职务，以及中止与已确定的虚假交易涉及方的合同和交易。董事会接受了特别委员会的建议，并针对目前确定的参与伪造交易的个人和当事方实施了这些建议。公司将采取所有适当措施，包括法律行动。基于此，投资者也将不再依赖于其发布的2019年前9个月的财报信息。

瑞幸公布财务造假相关调查结果，是个颇为被动的举动，与此前的做空风波及随后带来的美多家律所集体起诉有关。2020年1月31日，知名做空机构浑水曾称收到了一份关于瑞幸的匿名报告，浑水认为报告内容属实，并在官方推特上发布了这份做空报告。

该报告发布后，瑞幸称报告毫无依据，论证方式存在缺陷，属于恶意指控。但瑞幸在反驳指控的同时，并未给出切实的财务数据和证据。据Tech Web消息，3月25日，美国多家律师事务所发布声明，提醒投资者，有关瑞幸咖啡的集体诉讼即将到最后提交期限。包括加州的GPM律所、Schall律所，纽约州的Gross律所、Faruqi律所、Rosen律所和Pomerantz在内的多家律所表示，在2019年11月13日至2020年1月31日期间购买过瑞幸咖啡股票的投资者如果试图追回损失，可以与律所联系，首席原告截止日期为2020年4月13日。

根据机构提交的数据，截至2019年年底，瑞幸咖啡依旧受到机构投资者的青睐，2019年第四季度，机构增持达到2.89亿股，新进机构持有股份1.45亿股。截至2019年年底，瑞幸咖啡持仓最大的前十大机构股东是资本研究全球投资者（Capital Research Global Investors），持有6032万股，其次是孤松资本、Alkeon资本公司、美国银行、Melvin资本管理公司、瑞银、Darsana资本、瑞信、JanusHenderson和Sylebra资本。

商业模式遭质疑

作为国内首家上市的互联网咖啡公司，瑞幸咖啡自诞生以来争议不断，外界一直质疑其"烧钱补贴换增长"的模式，浑水的做空和瑞幸初步财务调查结果也在很大程度上影响了资本市场的态度，2020年瑞幸两次股价大幅波动都与此有关。

"财务造假""多家律所起诉"，是瑞幸面临的两大困境。

2020年2月，一份89页的匿名报告，被做空机构——浑水（Muddy Waters Research）公开。

报告称，瑞幸咖啡涉嫌财务造假，门店销量、商品售价、广告费用、其他产品的净收入都被夸大，2019年第三季度瑞幸的门店营业利润被夸大3.97亿元。瑞幸的管理层试图用这种方式，来维持一个根本不成立的商业模式，他们质押了约一半的瑞幸股票，从而成功套现。

据称，为了完成这份匿名报告，其背后的调查机构动员了92名全职人员和1418名兼职人员（以下简称"调查人员"），前往瑞幸咖啡所在的45个城市的2213家商店，录下了大量的监控视频，从10119名顾客手中拿到了25843张收据。

瑞幸咖啡的商业故事是这样的：通过资本的力量和广撒网的方式，快速满足用户对咖啡的需求。同时拓展品类增加SKU，提高变现率。

但在浑水提供的这份报告看来，瑞幸的商业模式是根本不成立的，因为单位经济模型有缺陷，永远不可能盈利。

首先，"瑞幸只专注于满足中国消费者的功能性需求，即咖啡因的摄入，这个主张是不成立的。"虽然相比西方国家和日本，中国人对咖啡的消费比例很低，但实际上中国人均86毫克/天的咖啡因摄入量已经与其他亚洲国家相当，其中95%的咖啡因摄入量已经被茶叶解决。

正因为如此，星巴克在中国20多年，卖的不是咖啡而是空间，因为中国是一个"顽固饮茶"的社会，咖啡不可能取代茶饮的地位。换言之，咖啡在中国终究只是一个小众产品，市场规模非常有限。"咖啡供应网络覆盖不是问题，只是没有足够的需求。"

报告认为，这是瑞幸从2019年下半年开始伪造销量数据的原因：一个证据是，2019年第四季度，瑞幸开始向现有用户提供免费的饮料券，而之前只向新用户和邀请他们的用户提供。补贴的力度不仅没有随着品牌知名度和运营时长的提高而减少，反而增大了。另一个证据是，"瑞幸的客户对价格高度敏感，慷慨的价格推广是留住他们的动力；瑞幸试图提高价格、同时增加销售额是不可能完成的任务。"

报告通过详尽的数据分析指出，瑞幸新用户的留存率相比早期用户越来越低。另外，用户的留存率是由折扣力度决定的，而不是用户的使用年限。

报告提供了这样一组数据：2018年上半年，留存率逐步下降，2018年7—8月达到最低点。留存率在2018年下半年至12月期间开始回升，但是从2019年第二季度开始，留存率显著下降，达到2018年12月以来最低点。

"瑞幸的商业模式的真相是，折扣水平是其价格敏感客户的关键驱动力。当公司加大产品的折扣力度时，消费者就会增加支出；当公司想通过降低折扣水平来'提高价格'时，顾客就会变得不那么活跃，购买的产品也会减少。"如果未来降低折扣力度,究竟还有多少用户会继续买单。报告残酷地揭穿了这一点,它认为一旦折扣减少,用户必然流失。那意味着瑞幸的生意是不可持续的。

要让瑞幸的经济模型发挥作用,瑞幸需要同时提高价格和销量,或者在保持另一个稳定的同时提高其中一个。然而在报告看来,受制于市场规模和对价格敏感的用户群,瑞幸很难实现这两个目标。

报告认为,"在目前的价格水平上,瑞幸只有单店单日销量达到800单,才能实现门店层面的盈利,否则,他们必须将有效售价(不包括免费产品)提高到最低13元人民币。"所以,瑞幸才会选择伪造每日销售额和每件商品价格的数据。

按照报告的估计,瑞幸要在2021年前完成开店1万家的目标,那么接下来的八个季度还要再开5500家门店。按照当时的商业模型,瑞幸的扩张计划会造成其在未来每个季度亏损3亿元。而且瑞幸开的店越多,投资者损失的钱就越多,损失的速度也就越快。

对此,瑞幸回应道:公司认为该报告存在对公司业务模式和运营环境的根本性误解。

该报告中关于瑞幸商业模式的缺陷,归纳起来有如下几点:

商业模式缺陷1:瑞幸针对核心功能咖啡需求的主张是错误的:中国人均86毫克/天的咖啡因摄入量已经与其他亚洲国家相当,95%的摄入量来自茶叶。在中国,核心功能咖啡产品的市场规模较小,且正在适度增长。

商业模式缺陷2:瑞幸的客户对价格高度敏感,慷慨的价格推广是留住他们的动力;瑞幸试图降低折扣水平(即提高有效价格),同时增加同店销售额是不可能完成的任务。

商业模式缺陷3:有缺陷的单位经济没有机会看到利润,瑞幸破碎的商业模式注定要崩溃。

商业模式缺陷4：瑞幸"从咖啡开始，成为每个人日常生活的一部分"的梦想不太可能实现，因为它在非咖啡产品方面也缺乏核心竞争力。它的平台充满了没有品牌忠诚度的机会主义客户。它的Lab-Light商店模式只适用于生产已经上市十多年的"1.0代"茶饮料，而领先的鲜茶生产商五年前就率先推出了"3.0代"产品。

商业模式缺陷5：小鹿茶存在特许经营业务合规风险，因为"小鹿茶"不是在有关机关依法注册的。

未完的结局

瑞幸虽然遭遇上市以来最大的危机，但并不代表瑞幸开创的互联网咖啡新零售模式就此失败，瑞幸商业与资本的结合，反映了一个沸点时代，也暴露出了资本驱动下盲目逐利的商业软肋。

瑞幸开创的互联网咖啡新零售模式，值得业界研究。瑞幸商业与资本的结合，加速了移动互联网设施的建设，使信息流、资金流和即时物流充分连接，能够降低咖啡交付的综合成本。同时，咖啡文化在目标消费人群中的接受度和渗透率提升，消费场景和频次增加，为咖啡这样的可选消费品带来了乐观的预期。

中国咖啡市场无论从生产量、出口量、进口量、消费量维度来看，都在全球排名位列中后，无论咖啡品牌在中国咖啡市场占比有多大，都受限于中国整体咖啡消费规模。

2017年中国现磨咖啡消费市场规模的可变区间为469亿~875亿元。假设中国现磨咖啡市场的增长速度为15%~20%，那么2019年中国现磨咖啡市场规模可以达到800亿~1000亿元，2021年中国现磨咖啡市场规模将突破1500亿元。

亿欧智库对瑞幸咖啡有效门店数量、单店销量、客单价、产品结构以及单杯总成本进行测算，且分为高、中、低场景（1.3∶1∶0.8）来计算瑞幸咖啡的销量情况，假设高场景出现的概率为30%、中场景出现的概率为50%、低场景出现的概率为20%，即可求得瑞幸咖啡未来三年项目主体的加权平均值。若实现亿欧智库所预测条件，则能得出以下结论：

2019年瑞幸咖啡仍是亏损状态，但是瑞幸年咖啡销量如果能达到4.4亿杯，已经可以和目前星巴克（中国）的年咖啡销量（4亿杯左右）一较高下了。

2020年瑞幸咖啡仍是亏损的状态，但是瑞幸年咖啡销量如果能达到5.7亿杯、单店年销量达到10.4万杯，已经可以追赶上目前星巴克（中国）的年咖啡销量（4亿杯左右）和单店年销量（11.3万杯）的成绩。

2021年瑞幸咖啡将可能实现盈利，有了净利润，就可以使用PE值（28~50）来进行估值预测，2021年瑞幸咖啡相对完整的、具有可能性的估值可变区间为132亿~3140亿元（19亿~462亿美元），影响估值的关键因素在于咖啡单价（实际交付价格）。

据最新消息，2021年9月21日，瑞幸咖啡连续发布三则公告，宣布公司在重组计划和资本市场披露方面达到多项"里程碑式"进展，包括：公司与美国集体诉讼的原告代表签署了1.875亿美元（约合人民币12.1228亿元）的和解意向书；公司已向开曼法院正式提交了对可转债债权人的债务重组方案；公司正式向美国证券交易委员会（SEC）递交了包括经审计的财务报告在内的2020年年报。

瑞幸咖啡2020年年报显示，2020年实现净收入40.33亿元，2019年同期为30.25亿元；实现净亏损56.03亿元，2019年同期为31.61亿元。

第四章
构建高点战略

企业如果固守过去曾行之有效的战略,那么它必将败于竞争对手。

——威廉·科恩

第一性原理

第一性原理是高点战略的出发点。所谓第一性原理，就是排除纷扰，直指本源。企业要"占高"，必须遵循第一性原理。两千多年前，亚里士多德对于第一性原理是这样表述的："在每一系统的探索中，存在第一原理，是一个最基本的命题或假设，不能被省略或删除，也不能被违反。"

第一性原理不是新概念，是一个计算物理专业名词，广义的第一性原理计算指的是一切基于量子力学原理的计算。第一性原理就是从头计算，不需要任何参数，只需要一些基本的物理常量。

第一性原理思维，是解决复杂问题和产生原创解决方案的最有效的策略之一。伊隆·马斯克则深入思考过第一性原理。

伊隆·马斯克，是 PayPal、SpaceX 太空探索技术公司、电动车公司特斯拉（Tesla）以及 SolarCity 四家公司的 CEO。他除了造特斯拉电动汽车，还造火箭发射火箭运卫星，还提出了火星移民计划，他是现实中的钢铁侠。

2019 年 1 月 7 日，特斯拉在上海的首座超级工厂破土动工。特斯拉用了 357 天时间把上海临港新区的一片农田变成了特斯拉首个海外超级工厂。建成后，其年产量或高达 50 万辆，也就是说每周 1 万辆！预计 2030 年特斯拉年销量将达 300 万辆。

2020年1月7日，特斯拉首批国产Model3实现大批量交付，价格降至30万元以下，同时正式宣布启动ModelY项目。当"硅谷基因"遇到"中国速度"，特斯拉市值一路突破900亿美元，已经超过美国两大传统汽车巨头通用与福特市值之和。2021年年初，特斯拉市值高达6917亿美元，特斯拉崛起的秘密是什么？对全球和中国汽车行业带来哪些影响？中国汽车人如何应对"狼来了"？

特斯拉与传统车企最根本的不同在于，特斯拉可以像智能手机一样进行系统升级，传统车企只局限于车载信息娱乐系统中地图等功能，无法像特斯拉一样对车内温度、刹车、充电等涉及车辆零部件的功能进行远程控制或升级。背后更深层次的原因在于，两者底层的电子电气架构完全不同。

从特斯拉电动车到金融创新的"网银"，再到航天火箭项目"SpaceX"，伊隆·马斯克背后的思维方式却是一样的。

首先，用"第一性原理"作为创业基础。

"哪个领域是人类社会活动最频繁的？""哪种技术人类有最长久的使用历史，却最缓慢的进化速度？""什么样的生产模式和消费模式会让经济和社会走向生存危机？"它们代表马斯克的"第一性原理"的思维方式。他认为，任何事物现象都有第一性，只要能够抓住第一性，一切都会迎刃而解。在上述问题的引导下，他很早就开始关注金融、交通、能源三大领域。现在的创业，都是从"第一性原理"的问题衍生出来的。

其次，找出产品内含的"根"技术，然后做优化设计。

受应用物理的训练影响，马斯克习惯思考产品内在的基础技术的"根"。例如，特斯拉早期模仿油动力车的技术框架。后来发现，许多机械技术的刚性要求在电动汽车框架下可以柔性改变。这样，汽车变速箱完全可以简化。其间，马斯克还借鉴核试验中的光子技术原理到锂电池的设计中。跨界嫁接基础技术原理，往往对产品设计产生"核聚变"的效果。又如，对火箭发射技术，马斯克采取同样的刨根问底的思维方法。他发现，火箭的材料成本低于20%，贵在使用的思维。在组合和使用的技术上下功夫，10年内，SpaceX的火箭发射成本将能做到美国太空总署的1%。

再次，"迈入理想未来的通道"。

马斯克相信，技术应该让未来更值得梦想。一旦筑就通往"商业乌托邦"的渠道，市场的洪流会滚滚而来。他的PayPal、电动汽车、太阳城、第五交通工具(hyperloop)、垂直起降、可回收火箭发射，每个生意都代表所处产业的新通道。辅助"通道"思维的还有马斯克"令人心动"的价值营销能力。他总是找一个通俗比喻来体现他的"通道"产品所代表的"令人心动"的价值。例如，为克服消费者对充电过程的陌生和顾虑，他让一辆特斯拉电动车和一辆奥迪平行展示"充电"和"加油"的过程。在充电站"换电池"需要92秒，两辆车的电池都换好了，奥迪车才刚加满油。又如，马斯克用加州的平均房产(50万美元)做比喻，解释20年后，去火星定居的成本也不过如此，卖了房子就可以去火星生活了。

伊隆·马斯克曾说，他成功的秘密是运用了第一性原理作为思考的框架——打破一切知识的藩篱，回归到事物本源去思考基础性的问题。

第一性原理思维是将一个过程分解为基本的部分，并以此为基础思考问题。在制造特斯拉电动车的过程中，最大的成本来源于电池组件。研发团队发现电池组件成本要600美元/千瓦时，伊隆·马斯克运用第一性原理思考，把电池分为各种金属元素以及其他成分，再对生产流程、产地、供应链每一部分进行优化，最终将电池组件成本降低到80美元/千瓦时。

开发火箭时，马斯克思考的第一步就是"组成火箭的材料有哪些"这一根本问题。答案是：航空用铝合金，还有钛、铜和碳素纤维。接下来的问题就是：这些材料的市场价格是多少？马斯克得到的答案是：火箭的制作材料所花费的金额仅仅是火箭整体开发费用的2%。这个比例如果和其他机械产品相比简直就是小菜一碟。从此以后，他便开始将"大大降低火箭的总成本"作为开发的根本问题。那么，如何用第一性原理去解决实际问题呢？先找到事物本源——效率可以定义为单位时间产出。先把研发过程按时间段分为需求明确、编写程序、测试程序、系统程序上线几个阶段。然后再把每个阶段细分，例如需求明确阶段，需求明确阶段可以细分为产品经理原型制作、产品经理与研发经理需求讨论、研发经理分析需求、研发经理进行排期等几个阶段。

这个过程中发现问题在于过程衔接是瀑布式工作，上一环节完成再交给下一环节，是典型的串行工作，就像接力赛一样，任何一个环节慢了都将导致整个过程变慢。每个阶段都可以一直细分下去，直到无法切分的时候，所有的问题节点都能被发现。

那么如何解决呢？把瀑布式开发过程演进成螺旋式迭代开发，在产品原型制作时，研发经理就开始与产品经理进行需求讨论，产品经理同时细化需求，研发经理分析需求，在产品需求文档PRD出来的时候，研发的排期就完成了。就这样的改变，能把整个研发周期缩短三分之一甚至一半。

这是一个非常简单的例子，仿佛体现不出第一性原理的威力。如果你要尝试做一件从来没有人做成功的事情，或是从来没有人认为能成功的事情，建议你尝试用第一性原理来思考。

首先要找到事物的第一性原理，然后再从本源出发，逐步论证。

第一性原理的思维方式首先强调质疑，不轻易接受否定的答案。世界是发展变化的，以前人们做不成的事，在后来条件发生变化后，就有可能做成。不能因为听到很多人说不能做就不做，受思维定式局限。很多结论实际上是在特定的时间段和环境下失败后得出的，更多的是因为时机和条件不成熟，并不能代表这件事永远不会成功。

其次，要强调实验，用实践去验证。硅谷一位风险投资家说过，很多聪明的人喜欢用类比推理，但是很少有人真正动手去做个实验。

摆脱方向迷失

在一个企业中，最令经营者和创业者困惑的便是企业发展方向的迷失，也就是战略的迷失。而一个企业想要成功，明确的战略方向至关重要。战略（strategy）一词最早是一个军事概念。在西方，"strategy"一词源于希腊语"strategos"，意为军事将领、地方行政长官。后来演变成军事术语，指军事将领指挥军队作战的谋略。在中国，战略一词历史久远，"战"指战争，"略"指谋略。

对企业而言，战略是为实现企业长远目标所采取的方向选择、重大取舍和关键举措，以及对资源分配的优先次序。关于取舍这个观念，华为任正非有一个提法："战略，战略，关键是在略，没有舍弃、没有放弃就没有战略。"

经营战略，本质上是要创造企业长期的盈利能力。战略是关于企业长远发展的纲领性、全局性和整体性的谋划。公司之间的战略差异，在短期内是看不出来的，长时间之后才能显现出来。

由于企业战略与企业长效发展之间存在一种因果关系，企业战略的差异最终会以业绩的差距表现出来，企业战略对企业业绩的影响遵循"从量变到质变"的规律，厚积而薄发。

在当下商业环境越发复杂、多变的时代，无论是创业新秀还是企业巨头，都在不断地追问同一个问题：我们的战略方向是什么？它靠谱吗？它可持续吗？如果战略方向正确，就可以引爆一场轰轰烈烈的商业革命；如果战略方向错误，就会使原先的老牌劲旅在顷刻间轰然坍塌。京东、天猫等电商企业之蓬勃兴旺，正在使大批的实体店铺销声匿迹。摩托罗拉、诺基亚、柯达等昔日业界翘楚，在困守常规之际，不幸落伍或破产或痛失主流。以此观之，企业战略方向的正确与否，在很大程度上决定着企业的成败兴衰。

纵观历史，战略的存在，已逾千年。不断对战略进行研究、思考与实践，仍将是企业高层管理者面临的严峻挑战。战略的实质是把企业自身特点与外部环境要求相结合，牢记企业的基本使命，昭示企业的独特定位，依靠竞争优势，创造长期卓越的经营绩效。

战略是一种思维、一套工具、一组行动，那种"战略是老板的事，战略都在老板脑袋里"的认知是错误的。一般而言，当一家企业想不到18个月之后订单的时候，就需要战略管理。战略管理的思想和方法关键要融入中基层的日常经营管理中。不知有多少企业家知道未来18个月的市场在哪里？客户是谁？订单有多少？想不清楚的话，就需要做战略管理了。

战略，建立在独特的运营活动之上。所谓的竞争战略就是创造差异性。换句话说，即有目的地选择一套不同的运营活动以创造一种独特的价值组合。大多数管理者都从自己客户的角度来描述战略定位，但是，战略的实质存在于运营活动中——选择不同于竞争对手的运营活动，或者不同于竞争对手的活动实施方式。

企业要成功，一是要整合资源，二是要抢占战略制高点。据杉杉控股董事局主席郑永刚在一次讲话中透露，杉杉在上海市场全部铺开以后，淮海路、南京路总共有16家企业销售杉杉西服。当年年底，郑永刚就请这些企业到上海国际饭店吃饭，他说杉杉的定位是中国名牌，不是上海名牌，打响上海是第一步，接下来还要进军全国市场，所以要撤销上海一半的商店。这些经销商当然都不愿意，因为在那时候这么好赚钱的产品很少。后来，郑永刚就开始在全国各个省会城市建立自己的旗舰店。1991年的时候，哈尔滨第一百货公司需要凭结婚证才能买一套杉杉西服，为什么？第一是因为短缺经济，第二是因为杉杉是名牌，那个时候没有名牌，杉杉占领着全国的品牌制高点。上海因此砍掉了一半的经销商，谁专柜形象好，谁服务态度好，最重要就是谁销售最厉害就保留谁。后来杉杉就开始收预付款了——上半年安排计划，先付款，下半年再供货。这是一种创新思维。

后来到了1991年4月，中国国内贸易部评选十大西服品牌，各项技术指标测算出来杉杉是第一名牌。因为杉杉做到了两件事：第一，杉杉的高端市场占有率。在1995年的时候，杉杉西服在国内贸易部发布的服装市场占有率测评中，占了高端市场的37%。第二，杉杉西服成为行业标准。当时杉杉成了一个制定服装标准的企业。用现在的话说，一个是技术标准制定的话语权，另外一个是定价权。你有足够的市场占有率，你就有定价权。

1996年1月8日，杉杉上市。杉杉是民营企业中服装行业上市最早的公司。杉杉的成功，与其善于整合资源、抢占战略制高点密不可分。

我们再来看华为。中国进入技术创新的新时代后，华为是如何占据战略制高点的？是如何在全球市场中保持竞争力的？

随着中美贸易摩擦不断，美国商务部工业与安全局将华为列入了实体清单，开始打压华为。然而，同为通信巨头的华为与中兴的命运截然不同。在遭遇美国打压时，华为表现出了更加顽强的市场竞争力。

从信息产业视角来看，在当前5G技术领域，华为是拥有专利最多、掌握端到端解决方案、实现全产业链布局的企业。特朗普曾频繁召集美国的移动通信网络运营商商讨对策，他发现短期内美国公司难以超越华为。也因为如此，美国首先采取了阻断市场的策略，试图联合其他国家共同抵制华为设备。但华为的5G布局已在亚欧的多个国家和地区展开，华为产品因其领先技术和高性价比，受到客户欢迎，美国封锁市场的策略其实难以奏效。

于是美国转而切断华为产品供应链，一方面，通过发布紧急状态法让美国的核心厂家中断为华为供货。另一方面，变本加厉挤压华为手机的生态链：让安卓系统无法在华为手机上更新。

从国际竞争视角来看，以5G技术应用所带来的信息基础设施升级换代，对于互联网平台的全球数字经济发展至关重要，特别是在5G技术基础上进一步深化并与大数据、云计算、物联网和人工智能组合创新背景下，对工业互联网、车联网，医联网、农联网、服联网和智慧城市等产业的转型升级意义重大，对国家全要素生产率的提升具有重要的战略意义。因此，美国对华为的打压并不仅仅是针对一个企业，而是针对未来国与国之间的博弈和竞争。

由于国际政治与全球市场风险密不可分，企业家需要从更广阔和更长远的视角思考企业的未来发展：从战略层面看，企业如何高点占位？企业不可替代的核心竞争力到底是什么？从供应链角度看，企业如何在保障自身供应链稳定的同时，拥有反制能力？从资源的角度看，如何在内建能力与外部资源之间实现平衡？如何在技术创新、管理体系与市场发展之间寻找和保持动态平衡？如何兼顾短期收益与长期战略、如何理顺人力资源与财务资源的关系？如何确保企业在残酷的市场竞争中占有优势，在市场萧条时具有可持续发展的能力，在困难的时候依然能够生存下来？这都需要企业家从更广阔和更长远的视角、从更长的企业经营链条中进行战略规划、占据行业发展的高点。

创立之初，华为面对跨国公司群的竞争，将"活下来"作为企业核心目标。通过农村包围城市的策略，从产品服务、产品质量、产品体系、管理平台、研发、市场、技术、品牌，从低端到高端，一步一步艰难前行。华为在资源极度匮乏的情况下，"聚焦主行道"，即通过聚焦、压强原则、利出一孔，在通信设备行业艰苦打拼，成为了行业的头狼。尽管这个过程中有很多其他的发财机会，但华为始终遵循战略方向，聚集所有力量实现战略重点的突破。当前华为拥有的专利技术在全球排名第一，华为不仅重视追求专利数量，更是着力开发"杀手级专利"和领先专利，甚至与国际具有合作开发标准及专利，从而形成强有力的技术防火墙。

1996年是华为的转折性时刻：面对当时只有89亿元人民币的销售额，任正非提出要成为世界一流企业。但这个路怎么走？在这个关键节点上，任正非的思路和多数人不同，他抛开规模、订单、市场，认为管理是重中之重。没有好的管理就无法整合人才、技术和资金，就无法形成系统优势。过去30年间，华为投资上千亿元人民币引进国际管理体系，学习、借鉴并形成了自己系统的力量，最终在管理上占据了高点。

纵观华为的发展历程，从追赶到领先，再到今天面临的新挑战，一路走来，时代的机遇，产业的发展，这些宏观层面的背景难以复制，华为在微观层面体现出的对科技创新、科学管理的重视可以为鉴。

华为企业至少有700多位数学家，800多位物理学家，120多位化学家，6000多位专门在基础研究的专家和6万多位工程师。也就是说，华为已经进入渐进式创新与激进式创新并举的阶段。要想领先，具有突破能力变得更为重要。

通过技术创新占据战略高点，是华为制胜的另一大法。

美国的打压正在形成对我国创新的倒逼机制。华为和中兴的经历让越来越多的中国企业，特别是高科技企业，更加深刻地认识到掌握核心技术的重要性。

2020年，我国开始启动5G商用，这对于中国的科技企业来说是一个新的契机。但技术能力的获得非一日之功，需要长期艰苦的探索、连续不断的投入和持之以恒的积累，如何追求"风口"？如果缺乏积累和沉淀，只能是昙花一现。正如德国和日本的长寿隐性冠军企业那样，优秀的企业源自几代人的潜心耕耘和渐进式创新，企业必须有长远战略眼光、耐心和定力，才能摆脱方向迷失，把握未来竞争的战略高点。

另外，在现实企业管理当中，许多企业家容易把运营效益与战略混为一谈。其实，运营效益和战略是两个最基本的概念。为了追求生产率、质量和速度，企业开发出大量的管理工具和技巧，如全面质量管理、基准比较法、外包、合作伙伴、流程再造以及变革管理等。这些管理工具和技巧使得企业的运营效益得到了极大的提高，不知不觉中，管理工具取代了战略。

应该说，对企业而言，运营效益必要但不充分。为了获得丰厚的利润，不断提高运营效益是很有必要的。然而，仅仅做到这一点还是不够的，因为几乎没有企业能在很长时间内，一直凭借运营效益优势立于不败之地。在竞争日趋激烈的今天，企业想维持自己的领先地位已经变得越来越困难，竞争对手可以通过迅速模仿管理技巧、新技术、增进投入以及满足客户需求等手段迎头赶上、超越自己。

仅仅做到提高运营效益还不够，当竞争各方在质量、生产周期或供应商伙伴关系等诸多方面的改进上相互模仿时，企业就会趋同，竞争就成了在同一跑道上展开的追逐赛。

因此，企业家一定要区分运营效益与战略。

打破游戏规则

"当手里的每一张牌都是坏牌，想要赢一把的唯一办法就是打破游戏规则"。这是保罗·奥斯特《幻影书》中的一句话，这句话在商业领域里同样适用。无论是产品创新，还是商业模式创新，改变游戏规则至关重要。

价值创新的目标是什么呢？是建立规则。

要想建立规则，或打破游戏规则，就要进行价值创新。在商业领域，创新概念的起源可追溯到1912年美籍经济学家熊彼特的著作《经济发展概论》。在该书中，熊彼特这样定义创新："创新是将资源以不同的方式进行组合，创造出新的价值。"

之所以要在这个时代重温创新的定义，是因为它正在被模糊、被泛化，越来越多的创新偏离了正确的轨道。

可见，在正确的轨道上创新尤为重要。所有经营者都知道创新的重要性，但如何把握创新，并不是一件简单的事。让创新的列车行驶在正确的轨道上，必须做到以下三点：第一，围绕着用户体验；第二，围绕着市场需求；第三，围绕着企业战略。

近年来，在创业热和资本的助力下，许多创业公司的估值水涨船高。但是估值与创新价值并不一定成正比。原因在于投资者的逻辑在于做多预期，追求某一方面的可能性，而不是全面地考虑用户体验、市场需求和企业战略。

随着5G时代的来临，中国企业通过参与制定游戏规则，获得了更大的机会和话语权。对于市场的后进者来说，与其花时间去研究行业老大们的标准和规则，倒不如聚焦于探索如何通过价值创新打破行业的游戏规则。

中化集团的董事长宁高宁在一次讲话中说道："在中国真正用研发引领持续发展的企业家，可能就任正非一人。"华为以前的研发还停留在"工程科学"的层面，就像任正非在2016年全国科技创新大会上所讲的那样，"尚未真正进入基础理论研究"领域。也是在那次大会上，任正非提出来，"华为创立引导理论的责任已经到来"。华为跟着别人跑的时代已经过去，华为进入了无人区，前途茫茫，下一步只能自己去劈山开路了。

此前，任正非在华为欧研所与部分科研人员座谈时讲过这样一段话："当年华为是急着解决晚饭问题，顾不及科学家的长远目标。今天我们已经度过饥荒时期了，有些领域也走到行业前头了，我们要长远一点看未来，我们不仅需要工程商人、职员、操作类员工，也需要科学家，而且还需要思想家。要看到过去的三十年，我们整体上是抓住了全球信息产业发展的大机会，作为行业跟随者充分享受了低成本、强执行力带来的发展红利；而未来三十年，在赢者通吃越来越成为行业规律的趋势下，我们必须要抓住科学技术和商业变化的风云潮头，成为头部领导企业，才能有机会去分享技术进步和创新的红利。要创新与领先，我们就必须依靠科学家。"

这是华为的现状，也是整个中国的现状。跟跑的时代已经结束，后发优势发挥已尽，中国正处在一个重要的历史转折点上。因此，企业需要静下心来，从基础教育入手，从基础研究入手，通过创新与研发来驱动企业的真正发展。

当然，由于每个企业的情况不同，能够静下心来从基础教育和基础研究入手的企业，必然是实力雄厚的大企业。对于大部分的微小企业而言，创新不是十年磨一剑的大创新，不是一招鲜吃遍天的创新，而是微创新——以用户为中心，以微小刚需、微小聚集、微小迭代、微小突破的方式，驱动企业成长。

寻求高速增长

企业高点战略的核心是"企业价值再造"。根据长城战略咨询研究显示，综观国内外企业发展，任何一个企业价值再造的模式，或者价值再造途径，往往脱离不了经济学意义上的创新维度，有的企业由此走向创业成功，有的企业由此实现高速增长，有的企业由此做强做大。这便是新产品、新技术、新服务、新模式、新业态、新组织、新市场、新场景。

具体而言，包括如下几个方面。

一、新产品。指创造某种新产品或对某一新产品或老产品的功能进行创新。有如下几种具体形式：一是形成全新产品；二是构成新产品线；三是产品重新定位；四是产品的改良改进；五是产品质优价廉化。新产品的创新核心是打造爆品，什么叫爆品？让产品推出后，产生垄断的效果，让别人学都不好学、学不会。爆品的本质就是一年推出一款产品，可以作为行业的里程碑，成为战略新品，能干到1个亿、10个亿或几十亿。当然，甚至有的公司可以干到一百亿、一千亿。

比如：苹果公司就是一个爆品公司，它一款产品可以做到一千亿美元，还有苹果手表，苹果手机。小米也是打造爆品的高手。小米有很多产品，几乎每个产品一年都能做到10个亿。小米早期，三年只做了六款手机，款款爆品。对小米而言，就是一年能卖出一千万台，把产品爆到产生垄断的效果，让别人学都不好学。小米的爆品打法，照着做也学不会。

新产品，关键是要打造战略性的新品。对产品进行颠覆性创新，或者颠覆性的微创新。

打造战略新品，或者新爆品战略，有四种方式：一是爆品功能；二是爆品产品；三是爆品平台；四是爆品效应。

什么叫爆品功能？举个例子，微信红包就具有爆品功能。微信红包早期就是一个小功能，后来它不断登上春晚，甚至被滴滴打车使用，成为一个爆品级产品。随着这款产品越来越爆，它现在已经变成了爆品平台。什么叫爆品平台？就是可以接入所有东西的平台。我们看到红包现在接入了N种可能，支付以及其他的。爆品效应，则是在营销端、品牌端广泛吸引眼球，人尽皆知，产生巨大的流量。

二、新服务。主要指借助新的概念、新的内容、新的技术手段所形成的服务方式，让用户或潜在用户感受到不同于从前的崭新内容或服务体验，并以此在商业上获得成功。这种新服务，要么是借助技术的重大突破和服务理念变革，创造全新的服务，带来技术服务化；要么是局部地应用相应技术手段，带来服务技术化；要么服务延伸、服务改善、风格转变，带来服务形象化；要么重新定位，形成更具品质的新服务，带来服务品牌化。但无论如何，其背后有四个关键：一是价值主张，即服务提供商以什么概念吸引新老客户；二是服务入口，即服务提供商与客户端交互渠道；三是服务体验，即服务提供商和客户间有效传递所共创或获取的价值途径及消费体验；四是技术门槛，即如何开发新技术并应用于服务系统中。

例如，此前提到的海底捞的"极致变态"服务。免费美甲、免费发圈、叠千纸鹤、送小朋友小玩具等花式服务，大概只有顾客想不到，没有他们办不到的。当然，这基于海底捞有一套独特的员工管理模式——以人为本和以分权思想为核心的家庭式管理。在海底捞，对员工充分的信任，充分授权。可以说海底捞的服务是其得以自下而上发展的核心，从而实现裂变式增长。

三、新技术。主要指改进现有或创造新的产品技术、生产工艺、生产过程或服务方式的一系列技术活动，并以此在商业上获得成功。这种新技术模式，主要包括开发新技术或者将已有的技术进行应用创新。在整个技术生命周期上，技术创新偏重于中后端，主要包括共性技术研究、商业应用研究、商品开发、工艺开发，涵盖了应用研究、小试、中试、产业化等环节。技术创新从创新方式上分为独立创新、合作创新、引进再创新三模式，在创新层级上分为适应性创新与变革式创新、渐进性创新与颠覆性创新、跟随式创新与引领性创新、集成性创新与原始性创新。

技术是真实的生产力。技术的革新或革命，必将带来生产力的巨大进步，从工业时代的福特、通用电气、埃克森美孚，到信息时代的IBM、英特尔、微软，再到数字化时代的苹果、谷歌、亚马逊，以及已经到来的人工智能和物联网时代，均凸显了技术的巨大威力。

四、新模式。商业模式的创新，可以使企业取得商业成功，带动企业发展。任何具有爆发性的商业模式，往往都是围绕一个很小的切入口做到极致，从过去产品思维的"以产定销"到用户思维的"以销定产"，利用自身长板挖掘亮点和卖点将市场及客户的痛点、难点甚至痒点转化为自身的盈利点与业务的爆发点，颠覆以往的游戏规则、技术路线、成本结构、组织方式、经营形态，使得资产越来越轻、销售渠道越来越短、交易环节越来越少、成本结构越来越优，成为全新游戏规则的制定者、新兴市场的开创者，赢得"受众多、费用低、体验好、速度快"的消费体验。

拼多多就是模式创新的典型案例。自2015年9月上线后，拼多多在短短三年时间里就突破了3亿用户、百万商家、1400亿GMV，日订单量超过京东，仅次于淘宝，跻身于国内电商平台"第三极"。那么，拼多多是如何在三年时间里实现迅猛发展呢？在阿里、京东两大巨头主导的电商格局下，拼多多成功逆袭的秘诀是什么？如何深度解读拼多多的社交电商模式，其背后蕴藏着怎样的消费逻辑？对于店铺商家来说，如何在拼多多平台上打造爆款、提升成交率？

现代企业之争已经不再是简单的产品之争、个体企业之争，而是商业模式之争、生态系统之争。在商业模式方面，社交拼团是拼多多占领制高点的关键所在，用户找到合适的商品后，如果想要以极具性价比的拼团价格购买，需要发起拼团，将商品购买链接分享给朋友圈、微信群、QQ群等社群中的好友，当下单人数满足一定要求时，即可成功购买。

显然，和传统电商模式相比，社交拼团模式具备强烈的社交属性，使购物过程具备了温度与交互体验，充分利用社交圈内人与人之间的信任关系，以极低的营销成本实现裂变式传播。同时，信息过载时代，人们已经厌倦了商家王婆卖瓜式的硬性推广，再加上购物场景的移动化、碎片化，使电商流量成本持续攀升，而社交拼团使拼多多能够借助用户的自发分享，低成本引入海量流量，打破了电商模式发展瓶颈。

在生态系统方面，经过了积累与沉淀，拼多多初步建立起了上游厂商、电商平台、物流服务商、入驻商户以及广大用户共同参与的闭环生态，通过直连工厂反向定制，从源头上把控商品质量，充分满足用户个性化需求的同时，去除渠道商、分销商等诸多中间环节，显著降低商品流通成本，最大限度让利广大用户。

拼多多将入驻商户视为自身的战略合作伙伴，是利益共同体乃至命运共同体。拼多多推出了品牌清仓、9.9特卖、新品推荐等一系列丰富多元的线上活动，并为不同的活动设计差异化的参与门槛，迎合了发展阶段及利益诉求有所不同的商户个性需求。同时，拼多多对商家的客服、发货、物流、售后等提出了较高的要求，要求准确引导商户，确保商品与服务质量，给用户创造优良购物体验，回归到为用户创造价值的商业本质。

此外，在拼多多的闭环生态中，用户不单是商品购买者，更是传播者、分享者，甚至是设计者、定价者。拼多多坚持以用户为中心，用户反馈意见被给予高度重视，通过大数据分析处理用户评论，挖掘用户潜在需求，制订选品计划、营销计划、仓储计划、物流计划等。

良性闭环生态的存在，使各参与主体都能从中获益，实现多方共赢。这吸引了很多卖家逃离淘宝等传统电商平台投身拼多多怀抱，拼多多案例成为相关从业者研究学习的重点对象。外界更多地将焦点集中到了拼多多的低价方面，没有真正认识到其商业模式还体现在供应链把控、入驻商家管理、生态构建、用户服务等方面的领先优势。拼多多的社交电商、生态格局、产品运营、用户运营、新零售、拼团攻略、店铺运营、爆款打造等，均是其模式创新的组成部分。

五、新业态。主要是指运用新的经营方式、新的经营技术、新的经营手段由此创造出不同形式、不同风格、不同商品组合的商业形态去面向不同的顾客或满足不同的消费需求。新业态出现，取决于产业价值链运动的三个规律：一是产业价值链分解，伴随专业化的分工越来越细，最终导致企业内部直线系统的（研发设计、采购、生产制造、销售、售后服务等）、支持系统（人力资源管理、财务管理、法律事务等）的价值链环节分解、独立出来，逐渐发展形成了新的业态；二是产业价值链融合，伴随价值链分解，以市场需要为导向，在制造业与服务业领域不同价值环节或价值链再重组，使得产业、企业的商业模式改变，服务的内容和模式发生改变；三是产业价值链跨界，承载了两个以上产业的功能，不仅企业组织发生重组，产业链上下游关系也发生重组，使得产业边界模糊化。

六、新市场。指通过改善或创造新的交易场景或交易方式从而满足新需求的行为，并以此在商业上获得成功。一般而言，市场创新主要包括两个方面：一是在新的交易场景下开拓新市场，这种新市场要么是地域意义上的，要么是需求意义上的，要么是产品意义上的；二是在新的交易方式下创造的新市场，重在通过建立新的交易机制或市场秩序，架起企业产品与顾客需求之间的联系桥梁，在别人认为没有市场的情况下创造出一个新市场，建立一种更合理的市场结构，而非单纯解决将商品卖出去的问题。如"分期付款"使目前暂无购买力的人有了购买力；如"第三方支付"通过虚拟空间解决了买家与卖家的信任问题。这其中，市场创新的方式很多，主要包括产品方式、价格方式、渠道方式等。

七、新组织。主要指通过改善或创造更好的组织环境和制度，促进"权、责、利"等方面的组织协调及"人、财、物"等方面的优化配置，使企业的各项活动更有效并以此在商业上获得成功，使得企业得以发展。这种组织创新既包括产权制度建设，又包括组织制度建设，还包括相应的管理制度建设；既要考虑企业的经营发展战略，又要对未来的经营方向、经营目标、经营活动进行系统筹划；既要建立以外部环境反向配置资源的机制，还要不断优化各项生产要素组合；既要加强价值形态管理，还要充分把人的因素无限地方大。

八、新场景。就是指围绕市场需求、市场应用、市场交易、终端服务、消费体验等，在用户思维下融合数据、内容、服务、体验、空间等，激发新的需要、再造新的需求、满足新的体验。核心是通过场景的培育和发育，创造需求、打磨产品，提供数据、改进算法，提供市场、迭代商业模式，进而产生全新的形态业态、商业模式、服务产品等。

场景，是指戏剧、电影中的场面，泛指情景。人的生活，是不同场景的切换。消费，发生在特定的场景中。在不同的场景下，即使是同一个人，消费需求也是变化的。变化的不是人，不是产品的核心功能，而是体现情绪、欲望的产品形态。场景在哪里，营销的镜头就应该追踪到哪里。营销角度的场景研究，不是研究产品的核心功能，而是研究产品表现形式，以及产品如何与消费者发生联系，形成体验，表现情绪，获得满足。

用智能手机刷朋友圈、刷抖音、刷快手，是最普遍的社交场景；支付宝、微信支付重塑着消费者的日常生活；淘宝、京东、拼多多引领新零售场景下的游戏规则；人工智能的发展使家庭陪伴场景、无人驾驶场景的想象成为现实；5G商用的来临使家居物联网爆发近在眼前。

未来的生活图谱由具象的场景定义，未来的商业形态也会成为不同场景的巧妙结合。新的体验，伴随新场景的创造；新的需求，伴随对新场景的洞察；新的生活方式，也就是一个新场景的流行。场景定义了我们的人格，定义了消费的付费规划，也定义了人们的生活方式。

同样是咖啡，创业咖啡卖的不是咖啡，是创业场。瑞幸咖啡实现的就是对用户的"无限场景"触达、多元化互动，以此打造个性化体验。江小白提供的是"小聚、小饮、小时刻、小心情"的新生代场景解决方案，而不是大众白酒。小罐茶开创的则是"方便喝好茶"的饮用消费场景。

综上所述，企业价值再造需要全新的、结构性的创业创新，而这种全新的、结构性的创业创新，需要遵循新经济发展之"道"与爆发成长之"路"。具体而言，不仅要坚持"新产品、新技术、新服务、新模式、新业态、新组织、新市场、新场景"价值再造基本途径，还要坚持"合伙制、平台化、跨界别、生态圈、自成长、引爆点"爆发成长机制。不仅要从战略选择、价值再造、创新路径、发展模式、生产方式、组织实施、运营保障、创新层级、消费体验、企业价值等方面优化商业模式，还需要用"团队价值、行业价值、市场价值、社会价值、投资价值"五位一体的方式来看待创业、看待企业的价值，最终"以人的价值为根本、以机会的洞见为起点、以想法的变现为通途、以长板的放大为主轴、以人脉的连接为入口、以知行的结合为活力、以爆发式成长为结果"。对于新经济企业价值观及价值再造一般方式的研究，并非严谨和精美，甚至对于特殊产业企业不具有普适性，更多的是希望提出一种全新的视角，服务于创业创新及企业价值再造！

【案例】老板电器"新品类"高点战略

2019年8月26日,老板电器发布2019年上半年财报,在全行业主品类均已出现4%至17%不等的负增长情况下,老板电器仍然取得了0.88%的增长。2020年老板电器全年营业收入81.29亿元,同比增长4.74%。这一来之不易的业绩,让老板电器再次牢牢稳居行业龙头地位,连续多年销量冠军的基础,让老板电器在市场寒冬里仍然保持了逆势增长的发展态势。

报告中透露,老板电器紧紧扣住消费潮流,引领行业变革大趋势,从战略上落实了总裁任富佳在企业经营管理中的"老虎钳"精神,也即"面对潮流的创新、面对风险的责任、面对机会的务实。"

用户分层,消费升级

自2018年以来,许多行业喊出"消费降级"这一口号,并以方便面、榨菜畅销为例,证明老百姓的消费能力大幅度下滑,由此得出消费降级已成趋势的结论。

由于中国人口众多,收入的阶层分布形成了较大的地区差异和人群差异,因而不同的收入层级,其形成的消费层次也表现出较大差异。消费升级是中国用户市场的大趋势，针对不同层次的用户，提供不同层次的产品与服务，这是解决一段时期内消费需求的重要策略。

基于此认识，老板电器在2018年重点实施了多品牌策略和第二品类策略。多品牌策略的重心放在老板电器旗下的名气品牌，主要渠道布局于三、四线市场。而在品类策略上，将蒸箱作为第二品类，进行重点发力。

对于老板电器来说，关注烹饪，研究用户需求，才是做好厨房电器的根本动力。从2019年开始，品牌板块全面落地"创造中国新厨房"理念，塑造强科技、高端化、专业化、年轻化的品牌形象。

战略实施在于行动力，老板电器独家冠名央视《中国味道》栏目，并担任《中餐厅3》美食创造官，传递中式烹饪文化。发布《中国蒸味地图之百道蒸味》《中华百蒸宴长卷》等，持续与消费者互动，传递品牌价值。

市场反馈表明，消费者对厨房的功能和品质的要求只会越来越高，消费升级，并非仅意味着购买同类产品的经济成本增加，更多反映的是消费者随着生活品质不断提升，对产品功能和设计的刚性需求和期望。

新品类——精准引领趋势

早在2018年，方太将水槽洗碗机作为第二战略品类大力推广，使得厨房电器的消费格局发生了些许改变，尽管这一品类经过近一年的市场考验后，并未实现当年吸油烟机的爆品效果，但对于老板电器却带来了关键的启发。

寻找有效的第二品类，这是老板电器战略市场部门须认真思考的问题。在近年来的市场营销与调研中，老板电器敏锐地发现，蒸箱作为厨房的第二中心，是可以实现的。

蒸箱作为第二品类的战略来源，非常重要的因素是年轻用户特别是母婴人群对健康、便捷、原味的需求十分显著，蒸箱这一产品非常符合这类消费人群。此外，蒸箱的烹饪方式，相对于以往的煎炒炸煮等方式，极具互补性。

基于用户的新需求，老板电器自2019年初开始大力推广普及第二品类蒸箱，全力打造"厨房第二中心"，传承和创新中国蒸文化。在全国范围举行"蒸味中国·寻味十城"发布会，邀请烹饪大师、烹饪非遗传承人打造"一城一味一传承人"的蒸文化之旅。

在品类战略上，除了将蒸箱作为第二品类，老板电器还进一步延伸用户需求面，发明集成吸油烟机，重新定义"大吸力"。这款产品将烟腔"一分为二"，两股吸力对应双灶，左右劲吸，使吸力更加强劲，同时智能联动烟机、灶具、蒸箱及消毒柜，真正实现"智能集成"。

聚焦心智，独占品类——大吸力

2011年，方太确立了"高端厨电专家与领导者"的品牌定位，展开了大规模的宣传。厨电行业其他品牌纷纷跟进，都在"厨电"概念上寻找差异化。

但研究发现，消费者习惯的表达是"我要买吸油烟机，选择什么品牌"，而不是"我要买厨房电器，选择什么品牌"。"厨电"是一个非常典型的"伪品类"，虽然是行业内部约定俗成的表达，但不是外部顾客心智中已经存在的认知。在顾客的心智中，吸油烟机、燃气灶、消毒柜、豆浆机……这些才是被清晰认知的品类，而非厨电、白电、黑电、小家电等行业术语。

在这些品类中，吸油烟机被认知为厨房电器中的最重要的品类，在顾客购买决策过程中占据着"入口"位置。老板电器自身是中国最早生产吸油烟机的企业之一，在这个品类中拥有超过30年的历史积淀。

综合这些因素，老板电器确立了聚焦吸油烟机、以吸油烟机品类代表者的身份参与整个厨电市场竞争的战略。

消费者在购买厨房电器时，通常会先确定吸油烟机的品牌，然后在这个品牌中配套购买其他品类产品。配套的顺序由顾客心智中对吸油烟机和其他品类的关联度认知决定。燃气灶认知关联度超过90%，消毒柜认知关联度不到20%。对于豆浆机等厨房小家电来说，则基本不会和吸油烟机成套购买。

聚焦推广吸油烟机一年之后，2012年老板在吸油烟机品类上成为销售量和销售额的双料第一。聚焦推广吸油烟机两年之后，在2013年老板电器超越华帝，在燃气灶的销售量和销售额均实现第一。聚焦推广吸油烟机三年之后，2014年老板电器在消毒柜上超越康宝，成为这个品类的销量冠军。

在集体比拼厨电的时代，各品类里都有各自领先的专家品牌，如灶具里的华帝和消毒柜里的康宝，但在老板电器聚焦吸油烟机、其他品牌继续推广厨电后，老板电器不仅迅速在吸油烟机品类上建立并巩固了领导地位，而且凭借在吸油烟机品类上建立起来的主导地位，成功地吸引到了其他品类里竞争品牌的消费者，从而实现了多品类的销量领先，而且各品类领先实现的顺序与最初消费者认知中呈现的品类相关度认知高低顺序完全一致。

此外，通过调研发现，不管是一、二线还是三、四线，不管是东北还是西南，消费者对于吸油烟机都有一个最明显的需求：吸力要大！吸力，是吸油烟机品类的第一属性。对于中国厨房来说，这是最明显不过的答案。但是，如此显而易见的结论，长期以来却被整个行业所忽视。

明确"大吸力"是老板品牌定位的方向之后，在讨论传播口号阶段，发生过一个小插曲。调研结果显示："大吸力"是消费者最关心的因素，"静音""外观""服务"等也很重要。尤其是"静音"，吸力越大，噪声就越大，这是消费者访谈中普遍呈现的认知共识。

吸油烟机行业的另一个主要品牌一直在推广"高效静吸"。从终端反馈来看，"静音"也能影响一部分消费者。老板如果只宣传"大吸力"，则存在隐患，可能被对手攻击"有噪声"。因此在讨论阶段双方曾经设想过使用"大吸力，小噪声"的传播语，但是最终没有采纳这个设想，最主要的原因是"大吸力、小噪声"和顾客已有认知不符。消费者不会相信这样的传播语，很可能在吸力和噪声两方面都将信将疑，反而淡化传播效果。因此最终老板电器的全新定位及传播口号为：老板，大吸力油烟机。

包容竞争，扩大品类

企业在发展过程中常常面临这样的问题：刚刚寻找到一个差异化的方向，推广不久就有大量品牌模仿跟进。一时鱼龙混杂，消费者难辨真伪。在这个阶段企业通常的做法是起诉其他品牌，希望通过各种手段封杀竞争。

其实恰恰相反，品牌应该以开放的姿态吸纳竞争，迅速形成品类。在品类扩大的过程中确保品牌的主导地位，最大化借助品类推力。如果封杀竞争，虽然可以独享差异化的利益，但是独木难以成林，最终会限制整体品类规模的扩大。

一家企业如果在明确的定位方向上倾注所有的研发、生产、设计、营销资源，确保始终站在最前沿，始终引领行业发展。其他品牌疲于模仿跟进，既帮助了它扩大品类，又无法颠覆其先行者、主导者地位，这样的竞争态势对企业来说是最有利的。

2013年老板电器对"大吸力油烟机"进行推广之后，短短半年时间内，多达三十多家兄弟企业跟进，模仿推出了各种大吸力产品。最多时全行业有 69 家企业在同时推广大吸力，品类阵营空前强大。行业的第二品牌在犹豫一年之后也放弃了"高效静吸"，将推广主题更改为类似的"四面八方不跑烟"。

将对手变成友军，吸引更多竞品加入，巩固并扩大"大吸力"品类。作为开创者与领导者，老板在这个过程中也获得了最大收益。

竞争产生竞争力，模仿和跟进倒逼老板在研发上不断突破，始终以"新一代大吸力"产品引领行业发展。聚焦的力量在此阶段进一步释放：跟随者能够模仿一句口号，一个产品，却难以保证在定位方向上同样程度的持续投入。

到 2017 年，老板大吸力产品已经进化到第四代，大吸力的竞争已经不仅仅是风量层面的竞赛，而是涵盖了风量、风压、电机、算法等软硬件指标的综合技术能力的较量。竞争门槛不断提升，很多小品牌在此过程中被淘汰，老板在夯实心智地位的同时，不断扩大市场份额，并于 2015 年首次实现了中国品牌吸油烟机全球销量第一。

寻找"第二战场"

从长期来看，厨电依旧是最具成长空间的行业。一方面和发达国家相比，包括烟灶在内的传统厨电品类在中国市场还有很大增量空间，尤其是三、四、五线城市的厨电配套率还有待提升。同时，在消费升级下，未来厨电市场新增长点在于简单的传统厨电品类，并不能满足国人日益高涨的厨房烹饪生活需求。

老板电器已将中式蒸箱确立为第二品类，并投入大量资源进行品类研发和推广，如成立蒸箱事业部、创立中国蒸文化研究院等，并针对不同用户群体和不同使用场景推出了不同类型的蒸箱。

对于大部分家庭来说，烟机、灶具、微波炉这三类传统厨电产品普及率已经很高，未来主要以换新驱动为主，而新兴厨电品类呈现出巨大的市场潜力。未来，老板电器和天猫将充分发挥战略合作的协同优势，推动蒸箱品类在中国的发展，致力于传统蒸文化的传承与发扬。对于老板电器来说，蒸箱是典型的改善型需求产品。而在老板电器的产品阵列中，嵌入式微蒸烤洗的比例不断提升。从中怡康数据来看，2018年厨电行业传统烟灶下滑幅度较大，嵌入式产品取得了6.9%的同比增长。

而据统计，2017年老板电器嵌入式产品快速增长、市场份额提升明显，嵌入式蒸汽炉零售量、零售额的市场份额分别为32.65%、31.26%，嵌入式微波炉零售量、零售额的市场份额分别为34.45%、43.32%，均首次位列行业前列。

据了解，老板电器在电商渠道加强了数据精细化管理以提高客户转化率。根据奥维房地产精装修月度监测数据，吸油烟机市场份额为39.8%，位居行业第一。同时，以中央吸油烟机为突破口，巩固与绿城、万科、碧桂园、滨江、首创等多家地产商合作紧密度，不断提升工程渠道溢价能力。

存量市场有待激活

未来几年，吸油烟机等品类在一、二线城市的增量市场将逐步放缓，然而，厨房电器的寿命一般为8~10年，老板电器40年来积累的大量用户已经到了换房、厨电换购的时机，如何激活这部分存量用户将会是巨大的商业价值。

此前由于对用户疏于管理，CRM系统中的3000万用户数据量几乎为沉睡状态，数据急需清洗和管理。这些年老板电器做了一些尝试，如推出了一系列厨房衍生品（油杯垫、一次性油网、专业厨房清洗液等），以增加在产品漫长生命周期里品牌与用户的接触频次和重复购买频次；又如，老板电器孵化的产品"72小时焕新厨房"项目，提供厨房更新的整体解决方案。同时，老板电器通过近年的累计，把客户服务微信号的用户量做到了将近100万，但未能很好地运维和管理。

而针对换购，老板电器确实通过一些促销政策的激励获得了个别用户的关注，但始终未找到一种可持续或引发爆点的机制去刺激和唤醒这个大市场。因此，老板电器思考是否有更长效的机制，来激活这部分人群。当然，也不能抱着完全功利化的心态对待这个市场。过去对于已购买老板产品的用户，在购买以后基本不会有太多和品牌发生黏性的可能，但随着嵌入式品类比重的加大，用户在购买后开始有更多使用、菜谱、营养、保养等方面实用性需求的体现，因此老板电器要生产大量对用户有价值的内容，作为培养用户对品牌依赖和忠诚度的长效机制。

后续提升建议

据观察，老板电器成立至今40年，在已积累的品牌资产中有着强烈的科技属性，但由于过去的沟通策划过于产品技术化且偏保守，同时受品牌名称中不可回避的非正面联想所限，大体呈现的是一个沉稳却略散发土豪气息的中年男子的形象。近些年，老板电器正逐步发力品牌形象升级，但也走了一些歪路，此前老板电器尝试过以中国风调性讲述中国传统烹饪文化与当代技术的结合，但很难让品牌年轻化。老板电器也尝试过情感诉求，呼吁大家回家吃饭，做有爱的饭，但情感诉求一方面陷入了竞争同质化，另一方面由于年轻群体不愿下厨的社会现状导致一味站在宇宙中心呼唤爱变成了用爱去绑架年轻消费者，引发了听众的无感。经过不断摸索，老板电器重新梳理和优化了品牌资产，传承既有的科技属性，但老板电器定义的科技不应该是冰冷的，而应该是有表情的、有同理心的、有社交基因的，应该参与生活，创造乐趣。老板电器也因此试图让厨房这片天地，在有限的空间发挥出无限的想象力，把厨房变成一个乐趣横生的小宇宙，让探索厨房奥秘像探索宇宙奥秘一样奇妙有趣。

今后，老板电器应仍然专注于厨房电器，聚焦吸油烟机，巩固行业第一的高端品牌形象，将吸油烟机的核心差异价值"大吸力"贴近消费者，尤其是年轻消费者。同时，建立和提升新兴品类（蒸箱、洗碗机）的品牌认知。此外，能够建立与25~35岁有消费力的年轻消费者、中产阶级消费人群的深度沟通语境，建立以用户为中心的沟通语言，改变更多以企业思维居多的单向传播。还有，目前老板电器依然存在品牌营销缺乏统一性的问题，不够聚焦，缺少爆点，传播节奏仍显无序。

【案例】突破流量护城河，拼多多快速崛起

拼多多是近几年电商行业杀出的一匹黑马，它创造了一个传奇：创立不到三年就在美国纳斯达克上市，成为仅次于淘宝和京东的第三大电商平台。这是近十年中国成长最快的电商公司。"拼多多，拼多多，拼的多，省的多。拼就要拼多多，每天随时随地拼多多，拼多多！拼多多，三亿人

都拼的购物 App。"在拼多多商城首页，随处可见销售近百万件的 19.9 元一双的新款运动鞋，同时，通过在各大卫视的爆款节目中投放大量广告，拼多多快速走入了大众的视野。2015 年 9 月创立的拼多多，以低价和社交化拼团模式，并借助微信的流量红利，在一片电商红海中快速崛起。

2018 年 7 月 26 日晚，拼多多在上海、纽约同时敲钟，正式登陆美国纳斯达克股市。上市首日，拼多多股价报收 26.7 美元，大涨 40.53%，市值达到 295.78 亿美元，成为四年来最大的中概股 IPO。

人们不禁会问：在目前的电商红海时代，阿里巴巴、京东等电商巨头已经积累了多年的流量护城河，为什么拼多多会异军突起、快速逆袭？淘宝、京东等传统电商巨头是否会被拼多多的社交电商新模式颠覆？拼多多的快速增长背后又有哪些隐忧？

一、高光时刻

新冠疫情利好拼多多等互联网新零售企业。移动电商、社交电商、移动游戏、社区电商等均有不错的发展，拼多多在众多企业中更是脱颖而出。据拼多多 2020 年第一季度财报显示，拼多多过去 12 个月的 GMV（成交总额）为 1.1572 万亿元，同比增长 108%，营收 65.41 亿元，同比增长 44%，年度活跃买家数突破 6.28 亿，同比增长 42%，平均月活跃用户数为 4.874 亿，同比增长 68%。目前，拼多多用户直逼淘宝，这归功于 2019 年四季度的百亿补贴计划。

据有关数据表明，"百亿补贴"上线 100 天后，拼多多这个活动入口的活跃用户直接超过 1 亿。据财报显示，拼多多 GMV 的增长驱动来自不断扩大的用户规模和人均消费。疫情防控期间，拼多多聚焦在和用户建立信任上。比如，一个是将直播功能向所有商家开放，另一个是开启社区购物功能，帮助商家锁定当地社区的消费者，让他们从附近的商店和超市购买生活必需品和食物，用户参与指标有明显提升。尽管一季度是电商淡季，MAV 和年度买家的比例从上年一季度的 65.4% 上升至今年的 77.6%，体现了用户对平台满意度和黏性的提升。于是，6 月 16 日，拼多多股价一度大涨 7.5%，盘中市值首次突破 1000 亿美元，创下历史新高。6 月 22 日股价最高达 89.25 美元。拼多多及其创始人黄峥迎来了高光时刻。

互联网在国内的快速发展，不仅成就了腾讯、百度等优秀的企业，也让马化腾等个人的财富快速增长。

无论是在电商行业还是在整个国内互联网界，拼多多和黄峥都曾经不被巨头重视。相比百度和京东，拼多多的成立时间仅五年，但是成长速度却是十分快，三年时间便完成了上市的壮举。

截至美股 2020 年 6 月 19 日收盘，拼多多股价报收 87.58 美元，涨幅为 6.26%，总市值约 1048.88 亿美元。值得注意的是，从 4 月份开始，拼多多的股价就开始持续上涨，不到三个月的时间，股价涨幅已经达到了 144%。阿里、京东虽然也有上涨，但是涨幅和拼多多相比却是逊色了不少。

对于拼多多能够有如此强势的上涨，很多人都直言看不懂，资本市场就是这样，有时候让人捉摸不透。和市值最相近的京东相比，拼多多无论是在 GMV 体量上，还是在电商生态圈的建设上都差很多，比如物流和金融等服务。当然，拼多多的用户数还是很有优势，截至一季度，拼多多的年活跃用户数已经超过 6 亿，而京东则为 3.87 亿。但是，用户数也不能说明一切，毕竟在客单价上拼多多还是差很多。

同时，从财报的角度来看，拼多多每次最亮眼的数据就是用户数，而在营收金额上与阿里和京东都有较大的差距，盈利方面就更不用说了，拼多多现在仍然处于用补贴换用户的阶段，每个季度的亏损数据也是比较大的。最新一季度财报数据显示，拼多多于 2020 年第一季度的亏损有所扩大，本季度非通用会计准则下归属于普通股股东的净亏损为人民币 31.70 亿元，对比上年同期净亏损为人民币 13.79 亿元。

对于电商企业来说，前期的亏损是必然的，就像当初的京东一样，上市多年后才实现盈利。只是，对于拼多多的模式，仍旧会有很多人发问，如果补贴没有了之后，拼多多的用户还会留下多少？

而在中概股纷纷回归港股的今天，拼多多如果也回归的话，不拿出一个优秀的财务数据，将非常不利于其未来的发展。当然，对于回港上市这件事，拼多多也有着自己的态度，此前多次回应称，公司现金流健康，截至目前的资金储备和收入增速足以让"百亿补贴"持续多年，所以暂无任何二次上市计划。

不管能不能看懂拼多多的模式，有一点需要肯定，拼多多让阿里和京东都紧张了，从这两家近两年的调整就可以看出，开始注重下沉市场的发展。但是，就目前的情况来看，拼多多依旧是下沉市场的当家人，而且近期高额的补贴也让其获取了不少北京五环内的用户，股价的上涨就是对拼多多最大的肯定。按照当前的势头来看，随着拼多多股价的上涨，黄峥超越马化腾只是时间问题。但是，资本市场存在太多的不确定性，拼多多还很年轻，机会很多，但试错的机会也很少，走错一步，或许就是致命的。

二、错位竞争

在创业上，黄峥认为，消费升级不是让上海人去过巴黎人的生活，而是让安徽安庆的人有厨纸用，有好水果吃。只有北京五环内的人才会说移动互联网第三拨人口带来的是下沉人群,拼多多关注的是中国最广大的老百姓。

此外,移动互联网未必是用户的下沉,而是用户的拉平,它让最广大的中国老百姓拥有了和一线城市一样信息获取的能力和交易能力,这是PC时代做不到的。拼多多吸引的是追求高性价比的人群,他会买一个爱马仕的包,也会用9.9元买一箱杧果,这跟消费能力没关系。比如黄峥的妈妈,消费能力已经很强了,平时都会买一些奢侈品和高配iPhone,但她出去买菜、买纸巾,还是会在乎一两块钱。这充分说明了,实惠这件事,是一个普适性的需求。

传统公司采用一、二、三线来划分人,而拼多多满足的是一个人的很多面。低价只是拼多多阶段性获取用户的方式,拼多多对性价比的理解是"始终在消费者的期待之外",拼多多的核心不是便宜,而是满足用户占便宜的感觉。

拼多多试图做消费和娱乐的融合,拼多多的使命就是多实惠多乐趣,让消费者买到更多、更实惠的东西,然后在这个过程中更快乐。

现阶段拼多多对整个商品和服务的品质管控都很初级,拼多多正在通过升级供应链和打击假货来提高商品质量。

部分员工对公司的理解依然是流量至上,这些员工在流量思维环境里受了多年教育,拼多多成立不久,对统一员工的思想工作还没做得很好,得从上往下贯彻。现在的情况是黄峥在流量的这一头,整个社会和媒体在流量的那一头,员工在中间。拼多多对运营员工的考核是留存、复购第一,GMV第二。

黄峥认为,未来拼多多不会做采销,也不会做物流和配送,对供应链升级是拼多多长期的战略重点。拼多多的最终模式是使得上游能做批量定制化生产。全品类扩张依然是传统的流量逻辑，品牌升级也是一个北京五环内人群俯视的视角。

拼多多不一定要品牌升级、不一定要覆盖全品类，拼多多要做的事情永远是匹配，让合适的人在合适的场景下买到合适的东西。拼多多目前没想过做服务电商，因为实物电商已经足够大。服务电商是流量思维，即流量灌进来，用不同的服务去消耗这个流量。拼多多的出现就是为了不用旧思维，在以人为先的思维下，先考虑这个人需要什么。

拼多多与淘宝的模式有本质的不同。淘宝是流量逻辑，主体是搜索，用户要自己去找商品，所以需要海量SKU来满足长尾需求。拼多多代表的是匹配，推荐商品给消费者，SKU有限，但要满足结构性丰富。

淘宝一直倡导C2B但做不起来，就是因为淘宝千人千面相当于个性化搜索，搜索本身是长尾的，很难做反向定制。而拼多多是把海量流量集中到有限商品里，有了规模之后再反向定制，极大降低成本。这也就是沃尔玛和Costco的差别，拼多多的定位就是针对不同的人群做不同的Costco。

拼多多和淘宝是错位竞争，争夺的是同一批用户的不同场景，错位才会成长得更快。拼多多的存在本身就是一种模式，你可以说它low，说它低级，但你无法忽视拼多多。京东、唯品会和蘑菇街都试验过类似拼多多的模式，但对它们来说，拼团只是一个创造GMV增长工具，拼多多是人的逻辑，通过拼团了解人，通过人推荐物，后期会过渡到机器推荐物。拼多多在App里几乎没有搜索，也不设购物车，可以想象把今日头条下的信息流换成商品流就是拼多多。

至于拼多多与腾讯的关系，腾讯并没有过多扶持拼多多，因为拼多多也被封了很多次。目前阿里和腾讯对线下零售的占比都很低，当抛开流量思维，聚焦场景时空间依然很大。腾讯做电商失败的原因是它认为电商是

流量 × 转换率 =GMV，流量逻辑在今天无法成功。拼多多在日趋红海的电商市场寻找到一片蓝海，它的异军突起让电商行业深刻意识到，看似成熟的电商市场内部仍然有依靠颠覆式创新异军突起的可能，包括对电商的未来发展和中国的真实国情都值得重新认知。

三、消费分级

2018 年，由于拼多多的兴起和上市，引发消费升级与消费降级之争。多数人认为拼多多不是消费降级，而是一种消费分层、分级。在这个过程中，消费升级依然是主旋律，但会在过程中逐步呈现出结构性分化，导致逆消费升级现象频发，尤其体现在生活消费品领域，在差距不大的情况下，消费者不追求高价格、高效率、品牌和优质服务，而是更多地追求物美价廉，这绝不是消费降级。

当前，中国社会消费层次多元，三、四、五线城市的消费需求的存量市场依然很大。《中国统计年鉴》的数据显示，占我国总人口 80% 的中低收入者，在 2016 年的人均可支配收入为 17836 元。这一数字，尚不如占总人口 20% 的高收入群体在 2006 年的收入水平 (19730 元)。不同群体的收入差距，势必造成两者截然不同的消费习惯和消费需求，性价比对于这 80% 的人来说依然是做消费决策时的第一参考因素。

总体而言，目前中国经历的是消费分层下的消费升级，不同层级的消费群体都处在消费升级的状态，一、二线城市是商品消费向服务消费的升级，三、四、五线低线城市是渠道能力强的大众消费品在不断崛起。因此，在线上交易方面，一、二线城市服务消费企业将会脱颖而出，比如教育、医疗、养老、人力资源等；低线城市是商品消费中具有低线渠道能力的公司将得到进一步发展，比如化妆品、金银珠宝、母婴等。

从拼多多用户分布情况看，三线城市占23%，四线及以下城市的用户占42%，二者总和达到65%，而拼多多一线城市用户比例仅占8%。拼多多的快速崛起，显示出市场下沉成为移动互联网的新机会。当一、二线城市已经变成一片电商红海后，创业者在利基市场找到了新的增长机会。"微信的使用者减去淘宝的使用者"是这些创业者的新目标用户——其用户量大约有5亿之多。按照黄峥的说法，"只有在北京五环内的人才会说这是下沉人群"，他们"关注的是中国最广大的老百姓"。

拼多多提供的是消费分级服务。高收入人群是消费升级的目标受众，这部分人群愿意为提升生活品质掏腰包，拼多多的"海淘""定制"等高端消费类服务瞄准的正是这个群体。对于低收入人群而言，这些用户最为在意的是价格。他们往往被拼多多极有诱惑力标价的产品所吸引，并且在自己的朋友社交圈大力传播。据极光大数据统计，拼多多用户中65%来自三、四线城市，而京东用户之中50.1%来自三、四线城市。拼多多内部也将自己的服务宗旨定为服务中国最广大人群的消费升级。

从物以类聚的淘宝到人以群分的拼多多，消费分级和做利基市场是拼多多的重要商业逻辑。"社交电商"模式刺激了用户需求并聚集相同或类似需求，市场下沉显示了三、四线人群红利的价值。借助消费分级与市场下沉，拼多多实现了其颠覆式创新。

在拼多多悄然崛起的2016—2017年的两年里，新零售领域的竞争白热化，让拼多多在较为宽松的环境里实现了迅猛发展。也正是这两年，微信的流量红利被拼多多充分运用。它的横空出世，让淘宝、京东感受到了咄咄逼人的压力。原本在打通线上线下零售上不断投入的京东和阿里意识到，不能继续让拼多多独享三、四、五线城市和广大乡镇的流量红利，于是纷纷出手对拼多多进行阻击。

淘宝在 2018 年 3 月中旬推出了名为"淘宝特价版"的 App，主打低价拼团，提供的服务和玩法与拼多多十分相似，包括更低价和高性价比的商品推荐、9.9 元购、亲密代付和互动玩法等。京东也开始力推自己旗下的"京东拼购"项目。"京东拼购"推出的服务核心是超低价拼团和品牌清仓特卖，并且以 1% 的低价佣金吸引大量商家入驻。京东拼购借助京东早已建立完善的电商链条，具有显著的优势。除"淘宝特价版""京东拼购"外，国内其他主流电商平台也采用了"拼团"模式，比如洋码头"砍价团"、苏宁易购拼团和贝贝拼团等。

当拼多多获得资本市场的认可后，众多中小拼团 App 也冒了出来，争抢这一赛道的份额，例如 91 拼团、51 拼团等。这些中小拼团 App 的发展，不禁让人联想到 2010 年开始的千团（团购）大战。

四、快速成长

首先，拼多多善于抓住流量红利。

获得流量是电商平台业绩增长最重要的手段之一，拼多多擅长获得流量。包括淘宝在内的阿里系平台无法直接获得竞争对手腾讯的流量，而得到腾讯战略投资的拼多多却依靠微信迅速成长起来。截至 2016 年年底，拼多多的单日成交额突破 1000 万元且付费用户数突破 2000 万。这意味着，拼多多只用了约一年的时间，就实现了淘宝、京东等三四年才积累出的数据。依据拼多多 2018 年 6 月 30 日提交的美股上市招股说明书，截至 2017 年 12 月 31 日，拼多多的月活跃用户为 6500 万，截至 2018 年 3 月 31 日，月活跃用户 1.03 亿，单季度月活增加近 4000 万，用户增速较快。

拼多多在电商巨头的角逐中渐渐占有一席之地。到 2018 年年初，拼多多获取了 3 亿用户，拥有活跃商家超过 100 万，第一季度的交易额达 106 亿美元。据 36 氪报道，拼多多在 2018 年 4 月完成新一轮腾讯领投的 30 亿美金融资。

拼多多的快速发展之路可以大致分为三个阶段，2015 年 10 月至 2016 年 12 月为产品探索期，这一阶段以产品打磨和商业模式验证为特征；2016 年 12 月至 2017 年 10 月为第一次增长期，以拼多多开始加强运营投入、不断加大线上线下广告为特征，拼多多通过赞助热门综艺节目等方式拉新获客，实现产品下载量大幅上升；2017 年 10 月至今为第二次增长期，这一阶段以拼多多更多加强运营投入、更多加大广告投入为特征，占据商品类下载量第一名的位置。

拼多多的盈利模式在这三个阶段也有所变化。招股书显示，拼多多 2016 年收入为 5.05 亿元，2017 年全年收入为 17.44 亿元，2018 年 Q1 收入为 13.85 亿元。收入主要来自两方面，对商家的在线营销服务（主要指广告），以及自营商品销售收入。一方面，拼多多在广告上的收入大幅度提高，2016 年为 4830 万元，到 2017 年显著提升至 17.407 亿元，2018 年第一季度就高达 13.846 亿元。另一方面，拼多多在自营商品销售方面的收入持续降低，2016 年为 4.566 亿元，2017 年降到 340 万元，到 2018 年第一季度为 0。这反映出拼多多的商业模式，由此前的依赖自营商品销售转变为作为平台对海量商家的在线营销。

其次，社交+拼团的模式。

在拼多多的平台上，可以看到一款商品的单独购买价格和发起拼单价格。若选择拼团，可以通过在 App 上直接选择正在拼团的拼友，也可以自行开团。开团之后，购物者需要将拼团链接发送到社交平台，并在规定拼团时间内，自行寻找到足够数量的购买者，才能继续购买流程。开团时间内,若没有达到指定的参团人数,购买就会失效。此时也不用担心此前已支付的货款,系统会自动退款到原支付账户。这种将社交属性融入购买行为当中的规则设置,加上低廉的价格和爆款产品,使得拼多多迅速引爆了朋友圈和微信群。

黄峥对消费者有独特的思考,他认为,随着微信的崛起,消费品也呈现出分众化的趋势,消费者被分成了零散化的小组,每一组的消费者会对应不同的差异化的产品。消费者会因为平台有针对性、适需而被吸引、被留下,平台会获得便宜而稳定的流量,这种供应链的改造真正为消费者创造了价值。

拼多多社交电商的核心是社交+拼团。人与人之间本就有社交连接,基于社交连接,每个顾客都成为拼多多流量的分发渠道。微信是拼多多用户拼团的主要平台。一方面,微信不仅是中国最大的互联网社交平台,还聚集了全国最大数量的三、四线城市用户和农村用户,这些用户恰为拼多多的重要目标用户,另一方面,微信提供的是即时通信服务。移动互联网分散的各处流量会在微信聚集,为拼多多提供源源不断的流量运营基础。腾讯参与了拼多多的多轮股权投资,对于拼多多在微信群和朋友圈的营销活动,腾讯颇为助力。拼多多的微信小程序从2017年5月开始使用,到2017年年底,累计用户访问量已经过亿,这正是借助微信小程序引入流量,充分利用微信小程序开关方便、体验流畅的特点,助力自身发展的明证。

拼多多的创始团队,既有电商的强运营思维又有游戏的社交基因。他们深知以淘宝的模式再造一个淘宝,对用户来说是没有价值的。实现社交和电商的融合,创造一种新的电商模式,让消费者体验另一种购物方式,才是拼多多团队奋斗的动力源泉。关于平台盈利模式,拼多多并没有像其他电商平台一样抽成广告,目前只是代微信收取0.6%的交易手续费。未来,拼多多依托其流量,实现变现的方式有很大的想象空间。

再次,"拼工厂"+"拼农货"。

拼多多的社交电商能力体现在前端与后端能力的结合,这种结合也使得拼多多打通了整个社交电商的交易过程。在前端,拼多多利用移动互联网背景下人们容易分享的特点,以分享和交流的电商拼团模式,打动用户。拼多多发展至今,一直在持续打磨产品。"砍价免费拿"是一种带有娱乐性的模式。买家借助微信和朋友圈,在规定的24小时内,可以让朋友帮助他对所选商品进行砍价。这种特色营销模式,使拼多多的用户数快速增长。

在后端,拼多多负责产品质量控制,同时将用户需求向上游的生产商、供应商提供反馈。近些年,长三角和珠三角的企业面临外贸订单萎缩、原材料和用工成本提高等困境,而其回归国内需求之路却遭遇电商流量成本暴涨、线下经济不景气等问题。因此,这些企业迫切需要在微利模式下进行低风险的大规模化生产。拼多多有效承接并放大了这种需求,将这些工厂变为由拼多多牵头,为其"爆款"产品提供全套代工服务的"拼工厂"。

低价爆款的模式一度让拼多多饱受争议,便宜真的能有好货吗?"9.9元秒杀"在成本上是如何实现的?以两家来自江西瑞昌市的纸巾爆款"拼工厂"为例:其中一家是有着近二十年代工背景的老牌代工厂(可心柔)、另一家是完全根植于线上的新兴品牌(植护),都是于2016年进入拼多多,凭借着价格和口碑优势,在仅仅两年内,卖出了2.61亿包纸巾,称得上江西制造业的一个小传奇。当时拼多多团队给可心柔的建议是——缩减产品线,主打爆款商品,把运营成本降下来。开启合作之后,可心柔尝试过多种纸巾的规格,最终定下了"28包、售价29.9元"规格的商品作为品牌主打。这样的定价,一方面对品牌来说有一定利润,另一方面能快速引爆市场。

在流量方面,拼多多也给到了可心柔首页推荐位置,这让该产品在上线当天就实现了300万元的销售额。拼多多公布的数据显示,在此前的发展过程中,已经孵化出近千家类似可心柔与植护的"拼工厂",并且订单量实现了几倍甚至几十倍的爆发式增长。随着拼多多短时间实现爆发式增长的同时，产能过剩大军中的一些"拼工厂"也由此实现华丽转身，拥有了自己的品牌和可观的收益。

将消费者的需求直接对接到工厂，即C2M模式，节省了中间所有的渠道成本。一些国内学者对"拼工厂"做了深入研究，指出了"拼工厂"的价值。由于拼多多上的商家多为中小型企业，很难自建全套设备，通过"拼工厂"的一站式生产，既保证了产能，又方便拼多多对其进行质量把控和管理。这种模式的好处使工厂最大限度地简化了生产流程，更加专注特定款式，将原料和机器的使用效率达到最高。

与传统"开店扶贫"的电商扶贫模式最大的区别在于，原来农货只能等待被动搜索，大量投入变为沉没成本。而拼多多模式在供给端，通过C2B预售聚集海量订单分拆给产区，精准到贫困户，并提高流通效率。在需求端，3亿用户接力分享社交力量，让农货订单实现裂变式增长。更重要的是，拼多多一边解决全国各地农产品滞销，一边扶持新农人闯出品牌，实现了应急扶贫与长效"造血"的融合发展。

2017年年底，陕西乾县74岁的郑志龙老人，因家中320斤梨只卖了10元，被人民日报、中央电视台等多家媒体关注。拼多多爱心助农团队看到后，当即拍板要一帮到底。了解到老人身体较差、家庭情况困难后，决定联合商家以高出市场价格1倍，即1元/斤的价格，全部买下其家中的1.5万斤梨。与此同时，拼多多将"郑爷爷的梨"放在App的醒目位置进行推广。就在一周内，"郑爷爷的梨"全部卖完。

2017年，拼多多已经帮助成千上万个"郑爷爷"解决了销路问题——上线第一天就卖出1.5万斤华山脚下青皮核桃，月累计销量超70万斤；山东萝卜一周销售20万斤，为老乡创收40万元；支持四川雅安灾后重建，"雅安蒙顶山红心猕猴桃拼单活动"日销3000单……拼多多平台上这些惊人的数据，展现了社交电商精准扶贫、快速响应的巨大动能。

2018年4月，拼多多公布了一项名为"一起拼农货"扶贫助农计划，根据该计划，拼多多将投入100亿元营销资源，深入到500个农业产地、扶持1万名新农人，解决农产品流通和销售的难题。中国社科院中国社科评价研究院院长荆林波表示，"与传统电商相比，社交电商能将同类兴趣的细分顾客聚集，以体验和内容营销来打动消费者，特别是它能够下沉聚焦到三、四线城市乃至农村市场，这些特点都可以在精准扶贫中有效发挥作用"。

五、谁是真正对手？

拼多多赖以成功的模式，正面临强烈的挑战。这个挑战并非来自电商平台，而是来自短视频平台，来自时下火热的直播带货。直播带货就是典型的货找人模式，而且，还是通过内容或KOL触发的消费行为，愉悦感更强。货找人模式中，推荐信息的来源非常关键。

拼多多使用了熟人关系网，强化了推荐来源的可信度，一件商品在淘宝卖29元，在拼多多上可能卖19元，如果你能找到五个朋友和你一起买，你也许能以9.9元的价格买下，并且还包邮。在智能手机和移动支付普及前，这种做法很难规模化。拼多多深度挖掘了这种需求，市场同时也用爆发回报。

拼多多模式中，熟人的强关系属性，有一点备受诟病——很多用户参与拼购是不太自愿的，觉得自己被绑架了，这也是拼多多被指责的原因之一。但直播带货中，所有的主播，都是粉丝自己关注的，抢购行为是主动参与的，愉悦感会强得多。也就是说，拼多多的核心理念之一——多乐趣，其实是不如直播带货的。而拼多多另一个核心理念——多优惠，正好也是直播带货的发力点。全网最低价，是直播带货的核心属性。与秀场直播不同，电商直播一切围绕产品，很多头部电商直播主播也通过拿下"全网最低价格"来固粉。

对多实惠的追求，让拼多多在议价能力较弱的早期，成为白牌、山寨货的倾销地。部分品牌在甩库存的时候，可能会选择拼多多，但出售新品时，就放在天猫或京东平台了。因为品质问题，拼多多被投诉次数很多，仿佛假冒伪劣商品充斥拼多多。

当前，拼多多的GMV已经超过1万亿，成为一个重要的电商平台，很多品牌也开始在拼多多开店。由于品牌不愿降价，拼多多又要维持多实惠的理念，于是百亿补贴就应运而生了。拼多多上市后，对山寨等问题进行了治理，加上营收项目的增多，很多白牌、山寨货被迫迁移。直播电商，尤其是快手、抖音平台，成了他们的下一站。当下在抖音、快手直播平台卖高仿、山寨货的很多，引发的投诉也较多。不过，有更多的小品牌商把直播电商当作下一个发财的机会，相比其他线上线下平台，在快手或抖音做直播电商，运营成本可以控制在40%~50%之间，利润空间相较之前更大。

直播电商的模式，其实是加强版的拼多多，而且，由于商家合作的对象是主播，相应的费用也会更少，根据虹吸效应，预计越来越多的中小商家，会投入直播电商的怀抱，这也将极大动摇拼多多的根基。

与阿里、京东相比，拼多多的业务要单薄得多，没有物流，没有金融，也没有自己的支付体系，虽然，按黄峥的说法，这是因为拼多多要专注于挖掘用户需求，改造供应链生产，但是，拼多多抗打击能力比较差，这也是不争的事实。2020年5月27日，快手与京东签署战略合作协议。根据协议，双方将进行供应链方面的深入合作。京东零售将优势品类商品提供给快手小店，双方共建优质商品池，由快手主播选品销售。快手用户将可以在快手小店直接购买京东自营商品，并能享受京东优质的配送、售后等服务。获得京东的供应链后，快手在直播电商上爆发，是可以预期的。

六、百亿补贴背后的困局

在向优质正品的转型过程中，拼多多是非常努力的。此前因"山寨"问题深陷舆论旋涡的拼多多，自祭出"百亿补贴"杀器后，恶评逐渐停息。上一秒还沉浸于"拼夕夕"段子里的消费者们，看到补贴券后喜笑颜开，"百亿补贴"如同锦囊妙计，帮助拼多多在下沉市场之外的电商领域攻城拔寨。在2020年5月，拼多多为了打开百亿补贴的声势，曾在福州跨境保税仓内，以官方直营名义举行了一场声势浩大的直播，为的就是让更多消费者相信，平台高净值商品的真伪。

在品牌官方尚未入驻的情况下，拼多多率先在平台设立"品牌"标签，将一众五花八门的销售商聚合分类，强化品牌概念。截至2020年6月21日，以"品牌"欧舒丹为例，旗下销售的同款樱花润肤露就有国内专柜款、保税直发款、全球购款，价格分别为214元、145元、159元，但同一标签下却是三家不同销售方，且都未得到品牌方授权。拼多多迫切转型的心态可以理解，但平台与消费者以及品牌之间构建的信任，并非一日可以促成。自2019年拼多多启动百亿补贴以来，就不断有品牌发布声明，撇清与其所谓的官方合作关系。2019年下半年，在拼多多发布海蓝之谜入驻平台的海报后，海蓝之谜就发布公开声明："中国大陆地区的品牌授权包括：百货公司品牌专柜，授权的百货公司官网，品牌专卖店，品牌官网，品牌天猫官方旗舰店，招商银行网上商城，机场含税店和免税店，以及上海南京东路百联世贸店等等。"很显然，拼多多不在官方授权渠道内。紧接着，戴森也在公开回应网友的询问中表示：拼多多并非戴森授权官方渠道。半导体开发商AMD声明：目前AMD没有对拼多多电商平台及其上的任何店铺授权，请大家在购买时仔细分辨，特此声明。品牌方的信任危机，在消费者端会给出更直接的反馈。

根据拼多多 2020 年一季度财报显示，截至 2020 年 3 月底，活跃买家的人均年度支出金额为 1842.4 元，相比较 2019 年同期的 1257.3 元，全年支出金额上涨额度在 500 元左右。而综合平台的客单价来看，表现则更为明显。根据官方数据显示，2017 年拼多多总订单量为 43 亿笔，GMV 为 1412 亿元，客单价约 33 元；2018 年总订单量达到 111 亿笔，GMV 为 4716 亿元，客单价 42.5 元；2019 年总订单量 197 亿笔，GMV 增至 10066 亿元，年度客单价 51 元。

另有统计数据显示，尽管，2019 年全年客单价相比上年同期上涨 8.5 元，但 2019 年的下半年与上半年相比，客单价出现了下滑，仅为 48.8 元。按照一次消费 50 元，全年消费金额增长 500 元来算，也就意味着活跃买家一人一年消费频次增加 10 次。

综合来看，百亿补贴启动的前半年，消费者的消费频次提升了，但消费的客单价并没有明显提高。在高净值商品的消费上，很难达到拼多多最初的预期。据了解，拼多多为其品牌商品背书的假一罚十的"正品险"，在 2020 年 5 月末就已经到期，到目前为止，没有得到拼多多官方的续约申请。但这份已经无法发挥作用的正品险，依然显示在平台最醒目位置上。平台与消费者的信任机制，竟然可以如此脆弱。回顾拼多多，百亿补贴，对于当下的拼多多就像强心针，短期看来，或许会吸引一批为价格而来的消费者，并提高消费活跃度，但从长期来看，不建立真正可靠的信任机制，缺乏真正对消费者负责的心态，就很难获得与消费者、与品牌之间真正的信任。

第五章
四大关键路径

　　战略制定者的任务不在于看清企业目前是什么样子,而在于看清企业将来会成为什么样子。

——约翰·W.蒂兹

战略是竞争丛林中的引路者，战略位于两个重要的端口，一是管理的专业化，二是领导者及企业对于未来发展前景的本能设想。

　　规划是管理者的核心活动之一，早在20世纪，法国思想家亨利·法约尔就曾提出这一观点，法约尔将其简单地概括为："管理就是预测、规划、组织、指挥、协调及控制。"其中，预测与规划属于战略管理的范畴。战略是指导管理者的重要因素之一。

　　战略是组织一个企业开展活动、实现目标的规划或者行动方式。战略会将企业资源及企业运营的外部环境考虑在内。对企业而言，总体战略目标主要是获取竞争优势，而且优势的持续时间越长越好。

　　战略制高点，本质是一种战略管理行为的结果。

路径一：高点占位——长板决定上限

　　有一位老人，在他九十岁生日时对儿子说："这是你祖父送给我的纪念手表，已将近200年的历史了。在我给你之前，你先去手表店，告诉制表师傅要卖掉这表，看看这只表能有多少价值。"

　　儿子走了回来，很不屑地告诉父亲说："制表师傅说了，这表太老旧了，只能值5美元当纪念表。"

　　父亲再说："你再去第六街的咖啡店问一问。"儿子又走了回来，然后笑着说："咖啡店愿意花20美元买下它当店内的摆饰品。"

父亲再说:"你可以去古董商行问问看。"后来儿子沿路冲着跑回来,气喘吁吁并惊讶地说:"爸爸,古董商愿意用12万美元买下这只表,他们愿意亲自找您来谈,任何时候都可以。"

父亲又说:"你再去博物馆找馆长问问看,说我想出售这只手表。"这次儿子面无血色惊吓着走了回来,非常结巴地对他老父亲说:"博物馆愿意以180万美元买下这只表,只要您肯,他们随时可以来谈。"

老父亲说:"我想让你知道,只有在正确的地方,才会产生出正确的价值。"

人生如此,企业也如此。企业也要以正确的方式,找准自己的价值,不要把自己放在错误的地方,否则将一文不值。要知道你的价值在哪里,定位在哪里,不要让自己停留在不适合自己的地方。

一个企业要想在市场中成功,首先必须明确自身的战略定位。战略定位是企业战略选择的结果,也是商业模式体系中其他有机部分的起点。一个企业唯有正确的战略定位,尽量做到"高点占位",即在某个产业链的制高点上占据一席之地,形成局部独特优势,满足客户差异化的需求,才能在市场中立于不败之地。

关于定位,最具代表性的应属波特、特劳特和科特勒分别对定位的不同表述。在波特的战略理论体系中,非常强调定位的重要性,关于竞争战略的低成本和差异化,本身就是企业对未来发展态势的描述。波特认为,战略就是在竞争中做出取舍,战略的本质就是选择不做哪些事。没有取舍,就没有选择的必要,也就没有制定战略的必要。

20世纪90年代,波特曾经批评日本企业普遍缺乏战略,实际上是指日本企业过分关注运营效益的提升,尤其是在达到生产率边界后,仍然忽视企业的方向选择。因此,在波特的战略体系中,定位实际上就是企业选择做什么,这个定位的内涵是关注企业在公司层面如何发展。

相对波特对于定位即战略选择的理解,特劳特关于"定位"的概念,则聚焦在企业具体的产品服务层面。此后被描述成"抢占心智"。

而科特勒的营销理论中,他提出了著名的STP,也就是细分市场(Segmentation),确定目标市场(Targeting);定位,即进行独特设计以在目标消费者心目中占据特定位置——Positioning的三部曲。在这里,定位包括了该如何设计产品的特色,该如何定价等。很明显,定位实际上也就成了营销的核心工作。

战略定位则是在战略层面和执行层面,建立更直接和具体的联系,即企业的定位直接体现在企业所需要实现的顾客价值上,强调的是企业经营的目的。企业对于自身的定位直接影响(而非决定)到企业需要构建何种战略的"制高点"。

企业战略的核心命题在于选定一个企业可以据为己有的位置,并且此位置对企业有局部的绝对优势。"高点占位"强调企业不光要精确定位,更要占据市场的"制高点"——唯有占据高点,才能对市场进行俯冲式的碾压。

对企业的业务进行定义,是"高点占位"最重要的一步,因为业务定义会对企业所收集到的信息起过滤作用,它将告诉企业的决策层哪些机会应该抓住,哪些机会应该放弃。一家企业通过业务的定义可以界定出谁是自己的客户和竞争者、谁是自己的合作伙伴、自己应该拥有什么样的资源和能力。

"高点占位"需要解决的另一个问题是精准锁定目标客户,也就是要明确"用户画像"。识别和确定企业的目标客户意味着企业必须考虑服务于哪个细分人群、哪个地理区域以及细分人群的差异化特征。

好战略不会仅采取一种单一视角，舍弃其他视角。好战略会在截然不同的观念中取得平衡，战略必须决定我们玩什么游戏，以及怎样玩好游戏，好战略的关键在于创造新市场、新产品及新业务或新产业。

路径二：赛道重置——变道超车

选择、重置或优化赛道，就是看该企业选择的市场路径是否符合未来的发展方向，这个企业、产品未来会不会被淘汰。

老品牌如何摆脱困境、赛道重置？传统品牌该如何复苏？

比如全聚德，同样是品牌老字号，但在餐饮行业跟不上时代的变革，无论从服务到菜品，各方面还是老一套，没有多少变化，年轻人接受度越来越低，竞争对手越来越多，企业的生存空间就越来越窄，未来的发展前景就越来越不好。所以，全聚德的股票市值跌破了净资产的价值，公司变革迫在眉睫。随着新技术、新业态不断出现，餐饮业正在发生深刻变化。餐饮行业无疑会面临新的机遇和挑战，那么餐饮人应该如何生存与提升？如何重置或优化赛道，显得尤为重要。

随着餐饮行业越来越多样化，消费者有了更多的选择，同时，超前消费也成为年轻人生活中的主流。这就导致了消费者由"价格敏感"转变为了"价值敏感"。不少被称为"黑马"的餐饮品牌正是因其提供的独到价值，而备受消费者瞩目。在消费者认可的传统火锅基础上，提供优美的环境、新鲜的食材，并配套推出各式各样的甜点、贴心的剥虾服务。这些要素几乎完美契合了都市年轻女性的偏好，在消费者心中达成价值大于价格的观念。而打造产品价值的核心，就在于满足消费者需求。这是一个众所周知的道理，但传统餐饮人大多拘泥于消费者显性需求，而忽略了隐性需求。比如消费者说"只要好吃就行"，不少从业者就将其作为金科玉律，只注重味道。最后却发现，味道再好，却依然干不过味道一般的网红店。做价值生意，这在未来将是餐饮行业的主流。毕竟，不论是哪个时代的消费者，超预期的消费体验都能赢得他们的好感。

因此，随着加入这场马拉松的品牌越来越多，原来的赛道越来越拥挤，无论是老企业，还是新入企业，重置或优化赛道，找到对的方向，比盲目蛮干更重要。

当前大环境下，选择重置、优化赛道尤为关键。

在传统广告行业中，"ATTB"（A是阿里，T是腾讯，T是头条，B是百度）四家巨头的广告收入加起来，超过了全行业其余公司广告收入总和，并且头条的份额还在大幅增长。

在汽车领域中，2020年行业仍处于负增长，国产汽车一片哀嚎。新能源车也不是没有机会，特斯拉就在逆势大涨，财报意外地大幅盈利。赢得市场永远比赢得资本难得多，也有价值得多。

在餐饮行业中，闭店率70%，平均寿命508天。以火热的茶饮赛道为例，一线城市的关店率是55%，与此同时喜茶、奈雪迅速成长为独角兽公司。

在零售业中，传统巨头家乐福、麦德龙被出售，拼多多逆势创新高，短短几年成为互联网第四大市值公司。无论是线下新渠道，还是线上新渠道都在不断创新和进化。线下如名创优品，线上如海豚家等新渠道发展迅猛。

所以本质上不是行业行不行，而是企业选择的赛道对不对。为什么企业都面对同样的市场环境，却只有少数人能成功？反思之下原因在于幸存者偏差，人们能看到的都是经过某种筛选而产生的结果，而没有意识到筛选的过程中还有很多被筛选掉的关键信息。

路径三：降维打击——"毁灭你，与你何干"

在科幻小说《三体》里，地球文明和三体文明为了争夺生存权，展开了一场持续三个世纪的星际战争。动静越闹越大。最后，隐藏在宇宙中的一个神级高等文明，为了维护宇宙秩序，发射了一片小小的"二向箔"，对太阳系实行了"降维打击"。太阳系直接被降维成了一幅二维的太空画卷，轻而易举就被毁灭了。这种感觉，就好像是两只蚂蚁打架，被一旁观战的人类伸出一根手指头碾成了扁平的"蚂蚁干"。

在《三体》的三部曲当中，人类所赖以生存的太阳系，最后被更高级的文明降维打击后，由三维降成二维，最后灭亡。而降维打击，在商业中经常看到。

以微信为例，早期包括移动、电信、联通等运营商，依赖的主要盈利方式是通过用户进行通话、短信来获取收入来源。而微信无疑对原来的商业模式进行了降维打击，原来的通信模式全部免费，而通过流量进行变现，这是对传统领域进行降维打击的典型案例。

降维打击较典型的案例还有小米电视。早期的电视，消费者更加关注功能、画质以及电视信号。小米电视出现后，提出了互联网电视的概念，直接从云端获取大量的电视节目，并且设计只有几个按钮的遥控器，便于接收频道。

于是，小米电视上市以后，获得了市场的疯抢，小米的降维打击也获得成功。小米 2020 年出货量蝉联中国第一，并连续 2 年稳居首位。2020 年小米电视出货量达 900 万台。

无人驾驶汽车也是降维打击的案例。特别是国内的互联网企业，进入传统车企的制造和生产领域。

以特斯拉为例，特斯拉实现整车 OTA 功能后，可以通过系统升级持续地改进车辆功能，软件一定程度上实现了传统 4S 店的功能，可以持续地为提供车辆交付后的运营和服务。如果说三电系统领域特斯拉只是与传统车企在同一维度上竞争，那么整车 OTA 属于特斯拉对传统车企甚至传统汽车一级供应商的一次降维打击。

一方面，技术的发展，推动了消费者对新能源汽车的使用；另一方面，从用户的角度来说，对于汽车所有权和使用权的观念也发生了改变。很多用户说，更希望通过共享的方式来使用汽车。正是这些底层的商业逻辑和需求发生了改变，使得硅谷的这些企业和国内的一些科技企业，可以从另外一个维度来进行弯道超车，来重新塑造汽车产业。

今天的传统车企，普遍处于焦虑状态，奔驰、宝马、通用、丰田这些传统的车企，他们都在思考在未来的 5 到 10 年，整个汽车产业的革命性的变化对于他们会意味着什么？

许多车企纷纷迈出了一步，他们在跟共享出行的汽车企业之间产生一定的关联，要么建立合资企业，要么相互合作，又或者是自建共享出行的企业，以应对市场的降维打击。

因为未来用户的改变，可能就会摒弃过去一百多年传统的汽车行业的商业模式和销售模式，这也是典型的占据高点、降维打击的案例。

占据高点、降维打击指的是在挖掘到用户不断变化的需求基础上，以创新的技术或者创新的产品方式，来提供更好的用户体验。而这种用户体验和传统企业的维度是不同的。

通过在另外一个层面避开直接的竞争，而获得用户和市场的方式。这就是今天所要讲的高点战略、降维打击。如何在满足用户需求的同时，又提供更优质的产品功能或者体验，也许这就是企业的机会所在。

降维打击就是将攻击目标本身所处的空间维度降低，致使目标无法在低维度的空间中生存从而毁灭目标。

降维打击使周围的高维空间向低维跌落，即低维化，并且低维范围迅速扩大。根据小说描述三维降至二维的逃逸速度为光速，除非被攻击文明拥有可以达到光速的飞船，否则任何物体均无法幸免。

降维打击有别于降级攻击，两者的区别有点像量与质的区别。如果有人说降级攻击，最多是说两者的水平不在一个层次。但如果说降维打击，则代表两者已经不在一个共同的认知范围内了。

"毁灭你，与你何干"，这是降维打击最好的诠释。

免费模式，就是互联网企业对传统商业模式的一种颠覆。在传统行业里，真正的免费几乎是不可能的。但是在互联网上，免费不仅成为可能，而且已经发展得非常成熟。在国内，奇虎360就成为了互联网免费商业模式的典范。采用免费商业模式取得成功的互联网企业很多，但这并不代表免费模式能够完全规避经营风险和财务风险。相反，免费商业模式除了正常公司风险外，还具有其他模式所不存在的特殊风险。

第一，资金链断裂风险。互联网公司在运营初期很难实现盈利，在这段时期，360与其他公司一样存在着巨大的资金缺口。一旦不能顺利足额筹资，就会导致其免费商业模式无法维系，困难重重。

第二，用户转换成本过低。用户以免费的方式获取产品和服务，虽然为企业带来了大量的资源，但是过低的用户转换成本会导致用户忠诚度低，很容易被体验更好的其他竞争产品吸引走。

第三，引发过度竞争。免费模式将导致激烈的行业内竞争，竞争焦点由价格转向其他竞争领域，如产品用户体验、企业内部运营、收入模式等竞争。2010年爆发的"3Q"大战，奇虎360和腾讯公司之间，因为客户端的争夺，两者之间爆发的口水战、舆论战、技术战、法律战就是一个典型的案例。

企业要生存下去就需要打破行业常规。奇虎360在坚持免费产品的同时，也在不断完善自身，提升市场竞争力。

打造开放互联网平台。在互联网时代，掌握互联网入口即掌握了用户和市场。奇虎首先通过推出互联网入口级的产品和服务，如包括360安全浏览器、360安全桌面、360应用中心、360软件管家、360账号保险箱等等，为奇虎聚拢了巨大的互联网流量。

转变盈利方式。奇虎360通过用户流量以广告等形式变现，还通过打造自己的各类互联网应用和服务平台，在平台上为用户提供各种游戏和应用服务从而获得收益。

奇虎360的商业模式将免费模式的优势完全发挥了出来，同时还有效规避了这个模式下的众多风险。

360将杀毒安全作为一项服务。传统的杀毒软件一般一年升级几次，但360升级频率非常高，可能一周都要升级好几次。快速迭代让360在很短的时间内获得海量用户。在不断迭代更新的过程中，360产品和用户之间形成了很好的互动反馈。另外，360还与需要广告推广的企业密切合作，推行"点睛营销"，提供数据信息、黄金广告位等。

在用户使用360杀毒和安全卫士产品时，360会通过捆绑安装的方式让用户同时安装其浏览器产品。而360浏览器自带360网址导航和搜索框，用户可以通过对这两项的使用为360带来可观的收入。而海量的用户群基础，还可为品牌企业提供丰富的数据信息、需求指导等。此外，通过浏览器及旗下的各展示平台提供多样化的品牌展示推广。

虽然奇虎360公司并没有很强的产品和技术平台，但是其通过多种途径和宣传方式给客户树立了一个安全平台的概念，并且把这种概念进行强化，形成公司的特色，树立自身从事互联网安全事业的形象，突破传统品牌扩张思维。作为免费杀毒软件提供者，360具有相当的品牌信任度，所提供的免费安全服务具有良好的界面，操作方便，成为吸引流量的基础。

虽然奇虎360是国内免费模式下生长起来的优秀互联网企业，但同时这种业务模式导致奇虎360的盈利点较为单一，在市场竞争激烈及不确定因素较大的情况下，运营和营收存在着较大的风险因素。

路径四：单点穿透——伤十指，不如断一指

单点穿透，即在高点占位的基础上，集中企业的优势资源，聚焦于一点上发力，并寻找战术制胜的手段和方式。

唯有在价值链上单点突破，横向纵向多点连接，才能构建强大的竞争优势，并获得超越市场的回报。

行业变革周期越来越短，资产价值变动越来越快。如何在价值链上发现并寻找新的机会，如何找到一击即中的单点？这是许多企业家面临的问题。无论是微创新还是颠覆式创新，首先要找到突破口，从一个点开始。

此外，要关注、分析未来的风口在哪里。当下是小众市场，但未来有可能会成为大众市场。

只有单点穿透，才有脱颖而出的可能性。在无限的网络空间中，你拿什么鹤立鸡群，你拿什么与众不同，当然要有一个自己的独特点。并且在这个独特点上打准、打穿、打透、打爆。

首先是"单点"。这一个点，要足够专、精、尖。第一类的点，类似腾讯的QQ和微信，百度的搜索，阿里的淘宝、支付宝，小米的智能手机。既不能太大也不能太小。同时还要符合趋势，未来是风口，现在不是风口。提前强攻，占据主导，让自己成为这个点的代名词。当然，不能找到第一类点的话，第二类第三类也行。总之，有点才能有面。

其次是穿透。穿透，是能够破局，颠覆原有格局。也就是说，哪怕只是出色一点点，也要成为用户的"首选"。

单点穿透，意味着企业从一开始无须大而全，更重要的是小而美。以腾讯为例，天生就是要做得很轻，很小，很简单，要非常注重细节。而快速，稳定，功能好，体验好，才是互联网产品的总体要求。

越是信息过载、功能过载、产品过载的时代，极简显得越为重要。原始社会人们只需要狩猎（获得食物）即可生存下去。到了农业时代，人们需要种植、收割、储存，看似不用为食物发愁，带来的却是更多烦琐的过程。工业时代来了，蒸汽机、机器的发明看似提高了人们的工作效率，但是人们的工作却陷入了更复杂的循环之中。互联网更甚，信息的爆炸、工具的泛滥，看似都在帮我们省时间，实际上却想更多占据人们的注意力。任何事物都是这样，给你带来好处的同时，一定也在消耗你。

少即是多，多即是空。在马化腾的产品哲学里，他认为应该坚持以下几点：

第一，不要强迫用户。

第二，不要为了 1% 的需求骚扰 99% 的用户。

第三，淡淡的美术，点到即止。

第四，不要刻意迎合低龄化。

张小龙谈到产品设计时说，最好的互联网产品是那些白痴也会用的产品。作为一个产品开发者，你在多少时间内让自己变成一个白痴，这就是你的能力，全世界这个能力最强的就是乔布斯，他 1 秒就可以变成白痴，马化腾是 5 秒，而你是 15 秒。

拉里·佩奇曾经要求 Google 的产品经理，位于 Google 首页的字母数量不要超过 100 个。苹果手机，mac 电脑，乔布斯的极简哲学在其产品上发挥得淋漓尽致。产品做多简单，做少难。

【案例】TCL开辟新赛道，占据行业高点

占据"AI×IoT"赛道制高点

过去几年，关于AI与IoT结合的话题，一直是业界讨论的热点，甚至不乏诸多实践者。主导的企业主要有三大类：第一种是Google、亚马逊、阿里、百度等互联网企业，主要将智能音箱作为智能家庭的核心设备，希望在网络连接基础上，由智能语音作为用户与其他设备的交互控制方式；第二种是智能手机企业，希望以智能手机作为不同场景下的连接、识别与计算中心，从而完成用户在不同场景下与其他智能设备的交互与主动服务；第三种是传统家电企业，希望利用各自在家电领域的产品优势，打造以智能家电为核心的用户交互与联动服务。

这跟企业的基因有关，但同时也成了各企业面向未来变革的最大阻力。未来要面对的万物互联时代，企业如从大地平原进入了热带雨林，应对的危险、挑战、战略打法会完全不同。固守所谓优势，往往最后就会成为新技术变革到来之后的最大劣势。比如互联网企业目前成为巨头依靠的"船票"大多是所谓的"超级App"，这是建立在智能手机普及与高速网络仍不能满足用户需要基础上的。但5G来临，运营商套餐计费从GB到TB，

每秒平均速率达到 200Mbps，用户所有服务都可以所用即所得，不需要下载本机 App 怎么办？

更重要的是，AI+IoT 这个思维逻辑的基础还是从硬件出发的，"+"的概念是赋能，也就是硬件功能的增强，这也是目前 IoT 行业普遍呈现"单机智能"或者"遥控智能"的原因所在。

万物互联时代的人机交互变革"显示无所不在的核心，是人屏互动的不断延展"。不论用户是在家庭、工作，还是出行、运动等生活场景中，"显示无所不在"的大屏、"用专业的屏做专业的事"，都应该是与用户交互的核心设备形态。从目前全球企业推出的智能音箱大屏化，以及小米、华为等企业要进军电视（或大屏智能设备），同样印证了这一点。而显示技术，是 TCL 的重要核心优势。

抓住面板产业制高点，变身"TCL 科技"

2020 年 1 月 13 日，TCL 集团公告称，公司拟将名称变更为"TCL 科技集团股份有限公司"，英文名称相应变更为"TCL Technology Group Corporation"，将证券简称变更为"TCL 科技"，英文简称变更为"TCLTECH."，证券代码仍为"000100"。此举据称是为了更清晰地阐述其致力于"全球领先科技企业"的战略定位。

重组之后，TCL 科技集团的固定资产中 TCL 华星光电占比超过 70%。除业务范围发生实质变化以外，足以看出其定位由传统家电企业向高科技公司转型。对于此次改名的原因，TCL 集团解释称，公司已剥离智能终端和配套业务，聚焦科技产业发展，由相关多元化转为专业化经营，原有全称和简称不再适用。

公告表示，TCL将聚焦资源发展半导体显示和材料产业。随着t6、t4和t7产线的陆续投产及量产，TCL华星的效率和规模优势进一步增强。TCL也将把握产业调整的机会，加速产业链的纵向延伸和产业横向整合，尤其是在基础材料、下一代显示材料，以及新型工艺制程中的关键设备等领域加强投资布局，以生态领先构筑显示领域的战略性竞争优势。

由于近年家电市场低迷，TCL曾赖以生存的消费电子、家电和通信业务等智能终端业务增长乏力，逐渐成为集团整体业绩的拖累。反观TCL华星光电（一家专注面板的高新科技企业），其在TCL集团（如今的TCL科技集团）中担任挑大梁的角色，被外界称为TCL的"利润奶牛"。

重组更名后的TCL科技集团保留了一个高科技、重资产、长周期产业，在这个产业中，TCL累计投资了1800亿元，建立了6条生产线。2019年底，TCL科技集团6个工厂中有4个已经满产。按照计划，2020年TCL第5个工厂开始生产，"明年我们最后一个工厂T7也开始投产"，李东生称。

重组后TCL科技集团的价值得到了市场的认可。该公司市值增长超过了80%，2019年前三季度备考口径营业收入411亿元，同比增长19.2%，净利润为33.9亿元，同比增长21.3%，资产负债率从68.4%下降到60.3%，存货周转同比加快3天。

不过，重组之后该公司的主要产业TCL华星光电，其半导体显示业务遭遇整个行业的一个周期性低谷，利润受到了很大影响。有数据显示，重组后的TCL华星光电2019上半年实现营业收入162.8亿元，同比增长33.5%，净利润10.2亿元，同比下降7.83%。

显示面板供大于求是价格下降的主要原因，由于三星和LGDisplay对产品线的调整，市场供求关系逐渐平衡。整体情况依然会是供大于求。

而 TCL 科技集团的情况看上去比行业情况要好一些。目前 TCL 华星光电接到的订单超过了自身产能，除了满足 TCL 的需要，三星也是当前 TCL 的主要客户。2020 年 TCL 科技还将为索尼供货，同时增大对手机的供货量。

2019 年，TCL 科技对外展示、推出了 Mini-LED 屏幕，它具有更好显示效果和更高性价比。这一新产品在 2020 年 6 月量产。

创新技术则在打印、印刷、柔性显示技术等方面继续突破。在 CES2020 展会中，TCL 就展示了采用新技术的可卷曲显示屏。由于采用了 PA 化学材料，这一代产品性能变得更加完美，性能已经达到工业产品的标准。

关于折叠屏和静态弯曲屏，目前摩托罗拉 Razr 折叠屏手机就由 TCL 华星光电供货，但是折叠屏量还不大。

2020 年折叠屏手机增长率较高，2019 年 TCL 华星已经接到了三星静态弯曲屏的订单。2019 年华星曾给三星提供 LTPS 屏幕，在 2020 年为三星供应静态弯曲屏。所谓静态弯曲屏指的是不能来回弯折的曲面屏幕。

目前，TCL 华星光电 11 代线已经投产大屏。2020 年第二季度，T6 工厂 11 代线将产量从 90K 提升到 95K。大屏市场目前需求量增长很快。

目前生产的 OLED 屏幕主要采用真空蒸镀工艺，也就是在真空环境下，将发光材料蒸发成原子或分子，随即它们可以在运动过程中碰撞基片表面而凝结，形成薄膜。蒸镀工艺在具有高精度的同时，也有短期内难以降低的高成本，另外受真空蒸镀机原理的限制，产出的 OLED 屏幕在形状、尺寸方面有很大的限制。

目前 TCL 的喷墨打印技术处于全球领先地位，仅有三星、日本 JOLED 和 TCL 对这项技术有深入研究。在 CES2020 展会中，TCL 公司联合广东聚华公司展示了一块31寸喷墨打印可卷绕柔性样机，这是TCL第二次在CES上展示喷墨打印工艺OLED技术。喷墨打印技术是下一代AMOLED工艺，目前仍未正式投入生产。这项技术具有器件结构简单，材料利用率高，大面积、低成本和柔性化等优势，是未来大尺寸显示屏幕的重要发展方向。

除了大尺寸屏幕，柔性屏幕的生产也一直受到印刷技术的影响，蒸镀工艺要求基片的绝对平整，很难用于柔性屏幕的生产，喷墨打印技术被看作是生产柔性屏幕更佳的工艺。未来柔性屏幕的生产工艺，即"rolltoroll"式的生产，屏幕材料是一个卷，成品是一个卷，这样的工艺可以极大简化生产流程，提高屏幕生产效率，并且降低对于储存、运输的要求。

对于AMOLED屏幕，目前三星在这个领域仍是一家独大，占据了90%以上的市场份额。不过很有可能未来两三年时间TCL就能赶上，因为这个技术已经比较成熟。至于全新的喷墨打印技术，目前几家头部厂商都处于同一起跑线。TCL则努力做到工业量产，目前正在努力朝这个方向布局。

经过重组之后，整个TCL科技集团更加专注于半导体显示及材料产业，将智能终端交给了另一家公司TCL实业控股打理。这样的情况和其他一些科技公司类似，比如三星有自己的终端产品，手机、电视、冰箱，也有屏幕、内存、摄像头传感器、芯片等产业。再比如华为，除了终端产品，还有海思麒麟这样的芯片公司。

因此，垂直一体化整合一直是TCL的方向。如今的TCL既有终端产品，也有TCL科技这样做高科技的公司。

对于TCL科技来说，下一步会考虑通过投资收购、兼并重组的方式开拓新的产业赛道，选择高科技、长周期、资金技术密集、进入门槛高的战略新兴产业布局，比如材料领域。

目前，TCL科技有参股玻璃材料的合资公司。除此以外再深入的材料涉及的还不多，未来TCL会尝试自己开发材料，一方面可以降低进口成本，另一方面许多新工艺和新技术要从材料开始做集成。

在中国制造业想要成功，就要看清楚大势，选好赛道，然后坚持。制造业企业资产回报率比不上互联网企业，但作为一个上市公司，TCL要让投资者看到前途，看到未来的投资价值。

在TCL科技重组后，公司管理责任开始下沉，TCL华星光电产业方面有负责人，产业金融有负责人，智能终端也有负责人，这样围绕着制造业就更有机会成功。另外，在半导体显示行业的低谷期，挑战之中也有机会，困难会把对手淘汰，而成功的企业则越做越大。

经过这次重组更名，一个传统家电领域的上市公司不见了，我们看到了一个专注高科技的全新的TCL科技集团。未来，也许再提到TCL，我们想到的不再是家电，而是它的面板和显示屏技术。

【案例】芒果TV:开创互联网电视"明星定制"新模式

2017年11月20日，爱芒果携手湖南卫视主持人杜海涛在长沙举办了国内首款明星定制电视——星芒系列发布会。爱芒果是芒果TV联合国美、创维推出的互联网电视,前期产品包括面向高端用户的"星芒"和面向年青一代"青芒"两个系列。这是芒果 TV 首次涉足硬件市场。

爱芒果电视从诞生之初就受到业界广泛关注。它由国内领先的全牌照视频媒体——芒果 TV 以及国美集团、创维集团、光大优选共同打造,汇聚了业内顶尖内容、设计生产、渠道售后、资本力量,创造了跨界合作经营的一次典型案例。

星芒系列电视,是爱芒果电视继"青芒""金芒"之后的第三大系列产品,秉承爱芒果电视一贯的"快乐电视"主张,依托于湖南广电及芒果 TV 强大的节目制作实力以及丰富的正版资源库,为用户提供了 200+ 热播节目、50 万 + 小时免费节目。星芒电视是爱芒果跨界、跨屏、融合的结晶之作。

杜海涛作为合伙人,从用户角度出发,并结合前期收集的粉丝的需求,对星芒电视的功能、体验、制造、营销等环节都提出了极具建设性的意见。

"五维生态",是爱芒果星芒发布会上被杜海涛和爱芒果高层提到最多的概念,爱芒果电视作为业内打通硬件、内容平台、系统平台、服务与伙伴渠道的互联网电视品牌,解决了众多同业品牌一直头疼的问题——内容资源。爱芒果电视作为芒果 TV 重点投资打造的跨界融合产品,其星芒系列可同步播放芒果 TV 中各类热播的节目资源,还大量引进了海内外版权内容,以及各种直播资源。

由于和创维之间的合作,使爱芒果在硬件上、制造工艺上得到了全面的支持,保证了用户们在享受大屏的同时能观看到 4K 极清的效果,分辨率高达 3840×2160,为用户们带来了清晰的体验。

想要看得快乐,首先得要看得方便。针对许多电视"开机看广告,一次三分钟"的问题,星芒电视采用了杜海涛独家定制版的 MUI 电视系统,拥有"无广告，直接看"的优势，拒绝开机广告，还用户一个干净的电视观看体验，真正做到"为粉丝而生"。

同时，星芒电视还针对用户的使用习惯，从传统电视遥控器中继承了基础操作，降低用户使用学习的难度，让用户能够做到上手即用，轻松看剧。并且，这款遥控器还拥有智能语音识别系统。星芒电视所搭载的智能语音识别系统，拥有极高的识别能力，可以充分发挥星芒电视智能、方便的特点，充分调用星芒电视的各项基础功能以及丰富的扩展插件，真正实现"能动口就不动手"，彻底解放用户的双手。

作为芒果TV重点投资对象，爱芒果还利用电视节目制作资质的优势，直击年轻人追星这一特点，为星芒用户提供了亲临电视节目录制现场的机会，实现电视内外无界连接，与偶像面对面，从实际践行"快乐电视"的定位。

爱芒果对于发展的前景做了规划："首先互联网电视可以算是一个新兴的产业，从它出现开始到被消费者广泛接受的时间并不太长；其次不管是传统电视行业还是互联网电视行业，它只解决了消费者的某一个问题，不全面。而爱芒果电视的优势就在于它将电视作为客厅生活的一个入口，不管是智能、内容、硬件、系统还是服务，爱芒果电视都结合到了一起。"

"杜海涛造电视"品牌整合营销案例分析

2017年爱芒果启动了杜海涛"星芒"电视的定制活动，营销推广效果成为此次活动的关键。对于爱芒果而言，杜海涛"星芒"定制互联网电视的推出，彰显了它在互联网电视内容定制化方面取得的突破。如何扩大传播，制造声势，成为此次营销的重要任务。作为全球首款明星定制互联网电视，"星芒"的横空出世，对爱芒果电视意义重大。它开创了互联网电视定制化的先河。因此，在互联网电视发展史上有着里程碑式的意义。

同时,"星芒"的上市,如何营造推广初期强大的舆论攻势,进而推动销售,扩大爱芒果电视新品在经销商、媒体、目标消费人群以及产业链相关方的影响,成为首要课题。

据调查显示,互联网电视竞争激烈,机型众多,营销传播对产品迅速进入市场,影响消费者,确立市场地位起着不可低估的作用。

当然,此次营销活动面临着诸多的挑战。前期,爱芒果电视虽然启动了"曲面电视惠民风暴"的传播,但中间有一段较长的空档期,主流媒体关注和报道相对较少。此外,媒体对爱芒果电视的关注度还有待进一步提高。此时,很有必要策划一场营销事件来吸引媒体和消费者的眼球。

何况,作为新生品牌,爱芒果电视与媒体沟通较少,媒体对爱芒果的发展状况不够了解。

因此,爱芒果制定了明确的营销目标,即借"星芒定制"事件,全面提升爱芒果品牌形象,充分彰显"快乐、年轻、时尚、个性化"的品牌特征;借"星芒定制"事件,拉动系列产品的营销,并使杜海涛形象及其资源得到充分应用,进行"圈层"营销,从而促进销售。另外,还要加强区域重点媒体的覆盖,对销售形成拉动作用。

那么,如何有步骤地整合营销传播,为爱芒果电视的销售制造强有力的舆论支持,及时有效地形成舆论聚焦,并借"星芒定制"事件,以新颖、极具冲击力的内容,迅速扩大爱芒果电视和新产品的影响力,成为此次营销的重中之重,也是此次营销的明确目标。

执行过程中,通过杜海涛发声,引爆了此次活动。通过一系列相关话题,形成了对"杜海涛造电视"的围观,通过三阶段以产品卖点为基础设置的调研,进行了产品属性的深层次传播,为后期的产品众筹、产品发布、产品销售提供了强有力的舆论支持。

紧接着,通过淘宝直播等方式,进行粉丝的集中动员,进一步形成消费者对"杜海涛造电视"活动的参与和爱芒果"星芒"产品的关注,为"双 11"促销积累了人气,进行了预热。此外,通过淘宝众筹活动,也吸引了经销商、合作伙伴的注意,提升了品牌在渠道中的影响力。

此次营销效果与市场反馈还是不错的。

"杜海涛造电视"全网信息飙升。网络话题全面发酵,形成相关图片 9000 多张,信息条数达到 47.8 万条,媒体多角度关注"杜海涛造电视"话题,相关新闻近 400 篇,阅读量超过 4000 万人次。"杜海涛造电视"形成了微博热门话题。据统计,#杜海涛造电视#微博话题讨论量 15.4 万,阅读量接近 600 万人次。今日头条、一点资讯也做了大量转载。通过多层次话题,多种媒体组合精准影响了受众人群。

现阶段,热火朝天的移动互联网红利逐渐消失,获客成本增加,用户口味不断提升,给产品推广增加了难度。创业门槛提升了,如果你不会高端算法,不会整合线下商务,没有强大资源,即便你做到最后,也不会有出路。

该案例基于对用户痛点的敏感捕捉,策划了杜海涛携手爱芒果一起"造电视"活动,让粉丝的意见得到充分表达,并根据粉丝的建议,为他们进行发量身定制,在内容上最大化地满足了粉丝及用户的需要。然后,以众筹的方式推出产品,这充分体现了互联网时代"用户至上"的宗旨,是"泛娱乐+"时代的另类玩法,同时也是一种商业模式的创新。

虽然爱芒果在发展的道路上遇到了一些挫折,但爱芒果走出了一条技术上兼具传统家电硬件优势和内容上包容优质资源的创新模式。和一些单纯依靠资本运作的互联网电视厂商相比,爱芒果互联网电视在掌握内容资源的基础上,还有着强大的硬件制造能力,在整个供应链体系中拥有着强大的话语权。毫无疑问,当电视千篇一律、高度同质化之后,内容才是互联网电视的突围之路。背靠芒果 TV 的爱芒果电视,拥有湖南卫视自制内容的播出权。芒果TV的《快乐大本营》《天天向上》脍炙人口，《爸爸去哪儿》《我是歌手》等自制节目更是包揽了全网黄金时间段电视收视率冠军。在综艺当家的今天，芒果TV的金字内容招牌更是显得熠熠生辉。

作为爱芒果的背后支撑力之一，国美电器除了提供线下、线上渠道之外，爱芒果还将依靠其全国100家以上的代理商和1000家卖场展厅完成线下突围。并且，基于强大的制造业基因，爱芒果还敢于在服务上承诺7天无理由退货，一年内只换不修。

第六章
实施高点战略

> 战略制定者的绝大多数时间不应该花费在制定战略上,而应该花费在实施既定战略上。
>
> ——亨利·明茨伯格

市场做细——寻找小趋势、小切口

2019年，中国消费市场发生了巨大变化。京东发布了《2019年终消费趋势报告》，其中最值得关注的是：2019年，京东上新增了728个的细分品类，其中198个品类的增长超过100倍！

人民网联手京东发布的《2020年线上新品与C2M消费趋势报告》显示，在消费大盘中，新品消费的迅速发展对消费升级的拉动效果日益显著，从需求端来看，随着80/90/00后逐渐成为消费主力，个性化、差异化、有创意的产品能够更容易吸引年轻消费群体的关注。同时，居民生活水平的提升也要求市场提供精细化、多功能的新产品，以更好满足消费者的生活需要。

从供给端来看，随着平台＋企业的供应链效率提升，上新周期缩短，产品迭代加速，新品供给能力提升，一系列供给端优化的因素成为各品牌新品消费增长的重要动力。代表着新技术、新设计、新功能、新体验和更好利润的新品，往往为品牌商提前抢占行业先机，成为品牌竞争中的强有力一环。

以往人们关注更多的是头部品类，而如今市场细分的颗粒度越来越小，出现了很多细分领域的"网红产品"。

这些细分冠军通过成功运营获得高额利润，而且实现了零库存，以新兴的线上定制装修为例，目前就衍生出了单身公寓定制、健身房定制、宝宝间定制、书房、健身房、衣帽间定制等等品类。

可见，深耕细作是未来商业的大势所趋。之前，我们要挖1000口井，但每口井只有一米深，未来，我们只要一口井水，但是要挖1000米深！

2019年爆红的品牌，如钟薛高、三顿半、元气森林、完美日记……带来了一套全新打法。新品牌兴起的鲜明特点是：小切口。

虽然消费品头部品牌占据大部分市场份额是事实，但在庞大人口基数下，细分人群需求依然可以撑起一个新品牌。对于新品牌而言，相比再造一个大企业与传统巨头分庭抗礼，在细分赛道上开拓的可行性则会更大。

大品牌有自己的销售压力，比起只做一部分人的生意，大品牌倾向于寻找最大公约数。体量庞大既是传统品牌的优势，又是其创新的桎梏。

社交媒体兴起以及个性化的推荐机制，让细分需求得到了更多的传播空间。钟薛高、完美日记等例子已经显示，这些新品牌都是用内容思维而非流量思维做营销。在一些社交、内容平台以图片、视频为载体，通过明星、KOL种草引起关注，再由用户二次传播，最终把内容流量转为电商流量。

小切口爆红品牌的出现现象绝非偶然，它是渠道、媒体、供应链、消费升级等诸多因素共同造就的新风口。爆红品牌之所以能够异军突起，既有宏观消费热潮的助推，也与其能够抓住线上线下新趋势的敏感度分不开。

虽然分属不同品类，但钟薛高、三顿半、元气森林的走红却具有一定的共性，它们都旨在解决新消费群体的细分消费诉求。这几个人群在整个市场中的占比并不大，但却是撬动更大市场的切口。

1997年，比尔·克林顿成功竞选美国总统，大选期间民调显示没有一个候选人有明显胜出的优势。那么克林顿是如何竞选成功的呢？这就要说到马克·佩恩了。

竞选期间，马克·佩恩帮助克林顿找到了最能够影响竞选结果的群体——"足球妈妈"。她们是一群不关心政治，手上却有选票的人。马克·佩恩针对这一特定群体发起了一系列保护孩子健康成长的活动。足球妈妈们把选票慷慨地投给了克林顿。谁都没想到，整个选民比例不到1%的"足球妈妈"群体，对竞选结果起了决定性作用。

当下的社会不再是一个大熔炉，而是被分成一个个有着不同喜好和生活方式的群体。那些小的、新的、热情的群体，正在社会发展中起着重大作用。在美国3亿人口中，只有1%，即300万人口在价值观、生活习惯，或行为方式，甚至身体特征上相同或近似，且具有目前社会不能满足的共同需求，即一种"小趋势"。当今世界最大的趋势就是这些"小趋势"的形成。

大数据时代，要看大趋势谋大发展。当下正处碎片化时代，社会的丰富性、多变性越发重要。因此，当今世界最大的趋势就是这些"小"。发现和关注那些并不显著的变化，会帮助我们早一步抓住变革的机遇，找到自己的风口。

就像隔空出现的共享经济、拼多多等，都是在变化中抓到了机遇，找到了自己的小趋势。因此，我们也应该用观察家的眼光，去寻找这个时代、那些藏起来的小趋势。正如经济学教授何帆说的那样："在今天世界的发展速度里，人口的大多数所反映的大趋势反而是确定的。因为他们是存量。真正值得关注的是一小部分人新近涌现的共识，他们才是我们理解这个世界至关重要的变量。"

当下，许多企业都在讲大数据，讲大趋势，但实际上真正对一个企业、对一个行业产生决定作用的不是大趋势，而是小趋势，是细分或超细分市场，是我们从中找到的那些关键的人群。

马克·佩恩的多年研究告诉我们，即使这个世界有再多的不确定性，也总有一些隐藏其中的确定信息，只要认真观察，就可以抓得住。它们就是那些看似只是初露端倪，却会带来重要影响的"小趋势"。

这些小趋势，给整个世界带来了大变化，包括科技发展、产业形态、国际格局、普通民众的生活状态，等等。

对这些小趋势的观察研究和深入分析，将帮助我们在时代洪流中发现商机、把握潮流，对小趋势所带来的蝴蝶效应进行研究，总能从中发现意想不到之处。这些惊喜，是这个时代赋予我们的天然机遇。

从全球范围来看，"想要成为健身达人"一定只是一种小趋势，但这种少部分人的生活方式变化所带来的蛋白质食用数量上升，导致了渔业、养殖业、种植业比重的细微变化。

美国互联网公司研发的服装在线定制应用程序，影响着越南、孟加拉国的服装产业和就业市场。晚婚一族饲养宠物数量的增加，带来了相关私人服务经济的迅猛发展。尚在尝试阶段的基因编辑技术将从根本上拓宽贫富阶层的差距鸿沟……

就像我们当年没想到智能手机和支付宝将会改变世界一样，当下少数人某些生活方式的变化，以及尚未普及的新型科技尝试，都有可能带来震动全球的大幅影响。而探索这件事本身，就足以构成了解小趋势的乐趣之一。

现代生活正处于一个关键的十字路口。当下局势之所以让人感到迷惑，是因为众多小趋势正在变得强大而有力，它们同时将我们的社会拉向不同的方向，且这些方向正好相左。这些相互矛盾的趋势引发了恰恰相反的结果：生活、信息和产品中出现的众多选择反而让人们做出的选择越来越少。增加的选择造就了一批土拨鼠式人群的产生，他们将自己深深地禁锢在自己的洞穴中。

被程序操控的定制化并不是在为你服务。定制化服务看起来似乎是免费的，其实这一服务正在逐渐被程序操控，成为一种为公司谋取最大利润的手段。

过去的10年是使用移动设备互联和享受数字化娱乐的10年。而未来的10年更多的将是掌控大数据、利用人工智能以及运用科技实现直接自我扩展的10年。

那些能够再次影响商业变化的东西，都隐藏在小趋势里。那么，很有必要去关注一下社会中隐藏的小趋势了。

场景再造——重新定义"人·场·货"

2020年1月1日，华为首个授权智能无人售货店，在武汉光谷新发展国际中心正式启用。华为智能无人售货店通过与第三方机器人公司库柏特合作，充分利用了工业机器人技术，实现了仓储—展示—销售—盘点—库存反馈—SKU优化等整个链条的智能化与无人化管理。这是无人零售中对人—货—场关系的进一步重构。

当下，很多旅游景区采用5G宅家游景区，包括故宫、敦煌等，其实是通过应用5G技术让大家足不出户就可以去畅游世界。5G在不久之后将全面应用、全面覆盖。

人们在大部分情况下，可以通过在线获得信息、与人交流来解决生活问题，甚至通过调整自己的情绪与心境解决问题。大数据与人工智能在商业中发挥着越来越重要的作用。例如：腾讯联合微医、好大夫在线、企鹅杏仁、医联、丁香医生5大互联网医疗服务平台，上线"疑似症状在线问诊"小程序。AI算法使新冠病毒RNA分析时间从55分钟缩短到27秒，百度智能外呼平台用语音机器人代替人工，帮助政府、基层社区迅速完成居民排查。企业微信、钉钉等在线开放工作平台，让千千万万的企业实现线上工作。对于拥有线上平台的企业来说，危机管理的能力就比较强，一些不具备线上平台但有数字化能力的企业，正在与平台快速对接，找到自己的机会。那些没有数字化处理能力的企业，危机来临时可能会束手无措。经过此次疫情，各个企业意识到，只有自己真正拥有数字化技术，才能提升抵御风险的能力。

企业数字化能力的构建，涉及企业的组织架构、经营模式等多方面调整。打造企业数字化核心能力，主要包括企业数字化基础设施建设、数智化应用、大数据分析等。相对于计算、存储、网络等传统基础设施，数字化基础设施涵盖了物联网、人工智能、区块链等新IT技术能力。疫情后，加快向感知型、敏捷型组织转型，夯实数字化基础支撑，提升企业数字化核心能力，将是企业应对不确定、动态环境的必然选择。

几年前，很多企业为数字化转型做准备，为现代化的数字设备收集数据，包括管理上的系统投入，ERP系统、CRM系统，财务系统等生产制造的各种系统的建立。经过多年积累，现在已经在生产管理、顾客管理中收集到了大量的数据。但是这些数据都以各自为阵地，每个系统的数据是不相通的。数字化转型的条件就是各部门的数据要相通，只有所有系统的数据都打通，才能发挥出数据的最大作用。

为了将数据打通，有企业提出"数据中台"概念，所谓的数据中台就是在这些 IT 系统上搭建一个数据管理的平台，将各个系统生产的各种数据放到这个中台上，把数据整理好之后，设置一个统一标准，才可以使用这些数据。

文字、图像、音频、视频、符号等都是数据，通过对各类 AI 数据的技术应用，区块链、人工智能、5G 等技术将会越来越成熟。

借助数字化的力量，我们不仅能更好的应对危机，而且可以为企业长期发展带来更多的助力和增长点。

浙江疫情中最突出的亮点就是杭州绿码，杭州作为数字化中心能有这样的成绩并不是偶然，绿码作为数字化产物是有大量数据为其支撑。当前几乎所有的企业都有自己的数据库，利用数据库的资源进行数字化转型为企业赋能，这是企业努力的方向，是企业在新的竞争环境下的生存之道。

企业数字化的转型，其实就是在移动互联网、人工智能趋势下，以消费者为中心，重构人货场的过程。由于互联网的发展，销售由线下往线上迁移。随着智能手机的普及，越来越多的线上销售在移动终端上就可以完成。

产品极致化——战略新品

什么才是企业长盛不衰的根本？不同行业、不同规模的企业会给出不同的答案。在这些五花八门的答案中，充斥着做品牌、做营销、做广告等手段。然而所有的外在手段都无法解释，诺基亚、柯达、雷曼等航母型公司的衰败。真正重视产品，找到正确的运作方法和路径，才是企业的正途。要不断打造战略新品，不断创造需求、引领消费，在3~5年内，为企业贡献绝大部分利润的核心产品。只有将产品置于战略高度，才能称之为战略新品。

相关统计分析表明，即便是世界500强，平均寿命也只有40余年。我国中小型企业的平均寿命为3~4年，集团企业的平均寿命为7~8年。

这些数据并不令人震惊，看看这个瞬息万变、日新月异的时代——智能手机、微博、微信、网购、新零售、抖音、快手、VLOG……我们的沟通方式、饮食偏好、行为习惯、对世界的认知随时都在发生改变。

在这样的环境下，一个产品如果缺乏创新性和差异化，只靠价格竞争，那么面临的结局只能是——利润率不断下滑、市场份额不断下跌。企业家更需要提高竞争意识，求新、求变，远离泡沫，回归企业立足的根本——打造战略新品。迎接市场和时代的挑战，是每个企业都需要面对的课题。

战略新品，不仅能够创造需求、引领消费，还能在3~5年内为企业贡献绝大部分利润。在战略新品的打造过程中，还必须保持爆品思维。

对许多人来说，战略新品并不陌生，也总把"爆品思维"挂在嘴边，它和互联网思维一样，几乎无处不在。要想成功打造战略新品，就必须对爆品思维有所了解。甚至可以认为，"打造爆品"就是一种思维模式，是多种思维的集合体。

打造爆品，是互联网时代营销的一种新出路。企业想要摆脱困境、快速发展，就得打造爆品。虽然打造过程不易，但是给企业带来的积极改变足以让人惊喜。无爆品，难生存。现代企业之间的竞争越来越激烈，各个企业的生存压力越来越大。尤其对于新生企业来说，没有爆品更是难以生存，一家企业想要长期生存和发展，就必须将打造爆品纳入工作规划之中。

如何打造爆品？要有极致体验，并且能够受到广泛的关注。关注度越高，口碑效应就越强烈，传播范围就越广，产品成长的空间就越大。

爆品，不只是产品，而是一个营销体系。营销手段再多，都不如让产品自己"说话"。口碑、粉丝、故事、IP……爆品营销能够用到的手段，超出你的想象。但归根结底，好产品才是王道，谁能赢得口碑，谁就能赢得市场。

雷军说："在当今的互联网时代，要想成功，必须要做出爆品，有引爆市场的产品和策略。""爆品"是新的市场环境下的必然产物。在移动互联网时代，爆品代表着专注某一类用户，代表着以用户思维为导向的设计、研发、生产与销售，代表着真正找到了用户的痛点，代表着一款产品可以带来巨额销量。单品绝杀，引爆市场，这是每个营销人都希望的。

打造战略新品分四个步骤：第一步，找准用户的需求痛点；第二步，对消费趋势的精准把握；第三步，设计足够好的产品，做出爆款；第四步，聚焦和集中所有的精力和资源。

互联网摧毁了固有的商业模式。这个时代的品牌营销，必须拥有战略新品。在移动互联网时代，打造能够吸引用户眼球、甚至产生巨大市场影响力的战略新品，成为企业竞争的焦点。

互联网时代，战略新品变得越来越重要；在互联网环境下，没有战略新品，企业将很难生存下去。互联网时代的生存法则就是集中所有资源打造爆品，打造战略新品，抢占第一的位置。

战略新品需要爆品思维，它是资源和认知重新构建的过程，通过爆品的推广，向消费者传达企业的核心价值、品牌形象。同时爆品战略思维也是一种产品组合升级赋能策略，爆品打造成功后，可以打响品牌，再通过品牌赋能，来快速发展产品线，以爆品带动，以组合制胜，这才是品牌发展的极佳路径。

战略新品也是传统企业转型互联网的商业解决方案，是互联网营销制胜的武器。战略新品是占据品牌制高点的一条捷径，并不是所有卖得好的产品都是战略新品。战略新品首先要求是爆品，一是能够引爆市场；二是能够精准把握用户的需求和找到一线痛点；三是销量远超竞争对手；四是创造全新产品体验；五是成为业界的谈论话题，如果你没有变成话题，这个产品不是爆品，也不是战略新品。真正的战略新品一定是超越一般销售意义上的价值体现，给品牌带来多元影响。

极致符号——超级IP

IP的本意指知识产权，原是影视、游戏、动漫等娱乐领域的词汇。IP是以获取高影响力和广泛喜爱为目标，以实现跨界、泛产业化发展。如果一个IP能实现跨产业成功，一定是其中的关键角色或元素被提炼出来，成为强有力的文化符号。

IP就像向心力，能将有共同情怀和价值观的人凝聚在一起，在"人即渠道"的移动互联网时代，超级IP的凝聚力是打通这些渠道的关键所在。"IP化品牌营销＋社群营销"正成为新的营销趋势。这种模式不仅能带来很高的流量,而且聚集起来的具有相似文化属性的目标用户,有着极高的忠诚度,能带来极高的流量转化率。因此"IP化品牌营销+社群营销"是可以作为单品营销的创新之路。

IP的本质,是辨识度极高、认可度极高的商业符号。以IP为起点,产品、品牌、渠道、用户等商业元素与IP的连接形成场景化的解决方案,赋能商业,赋能营销,赋能品牌。同时IP价值不断沉淀,形成新的商业反哺。在IP的催化作用之下,流量、用户、产品天然整合一体,并形成了极具吸引力的售卖逻辑。

场景实验室创始人吴声提出,超级IP的核心有五点:第一,必须要有独特的内容能力,这个独特的内容能力告诉我们,今天企业提供何等类型的产品,输出何等类型的服务,建构何等类型的商业模式,都必须回归意义表达;第二,具有自带话题的势能价值;第三,持续的人格化演绎;第四,新技术的整合善用;第五,更有效率的流量变现。

此外,基于内容和人格消费的新网红时代正在爆发。新网红作为超级IP的重要表征,对互联网商业提出了诸多挑战与思考。

1. 明星演艺、代言经济向明星IP经济进化,新网红可以不是明星,但明星必须是新网红。

2. 虚拟网红—如虚拟IP,从单一品类如音乐、动漫开始,更加深入和更大范围地拓展,虚拟少女时代与虚拟EXO会轻松击败实体偶像,如同AlphaGo之于李世石的胜利。

3. 新技术定义新内容和新生产方式,尤其是以VR技术为代表的应用层渗透会革新IP的内容表现和人格形成。

4. 从泛娱乐的动漫、手游、大电影、衍生品开发到视频、会员、电商为主体的新商业链条搭建,新网红从二次元到三次元再到二次元,会融合各种内容化的人格流量和变现矩阵。

5. 以人格化表达为核心的网红模式,成为企业品牌公关的新技能,社交网络运营人格 ID 的职能重要性日益凸显。

6. 任何企业都必须有完整的独特的内容生产能力,讲述品牌故事的可以是纪录片,也可以是多条持续的短视频或音频电台。总之,必须是持续运营的承接体系。

7. 思考低成本流量的重要性,须以分布式人格流量为切入点,达人运营、红人孵化、网红加速、买手培育,才是新商业流量关系的破局点。

8. 企业、品牌、个人正在加速进入 IP 化生存时代,学会 IP 化生存的重点在于系统形成 IP 运营的能力和体系架构。从内容爆款到差异人格标签到 IP 电商模型,PC 时代的方法论面临彻底颠覆和重构。需要说明品牌与 IP 的差别,品牌是工业时代的规模化识别符号,IP 则是移动互联时代的人格化定义标签。

9. 热度原则。首先必须引爆,必须集中所有资源与方法引爆。持续建构势能,才是流量始终于人的核心所在。IP 簇的打法,本质上是势能新品类的定义过程。

特斯拉汽车、汉森机器人公司、Uber、优客工场、米家……这些新物种的共同特征是新技术、新材料、新连接、新话语体系。譬如区块链技术是新的底层应用体系,新网红则是人与科技连接的新物种形态。新物种意味着新的商业模式,也意味着创造有巨大潜力的新品类和极致单品,有机会迅速成为细分领域中的领头羊。

超级 IP 是全新的品类,是长在新土壤之中的新物种。超级 IP 是全新的互联网方法,是聚焦于内容与人格,更快破局和单点突破的方法论。运营 IP 就是运营势能,有势能就有连接。

抢占心智——成为首选

我们为什么要占领用户的心智？

在营销产品时，首先必须要清楚自己的产品有哪些优势？比同类产品好在哪里？弱势在哪里？

但是，对于从未使用过产品的用户来说，他们肯定是完全不清楚的。一个人对于完全不清楚的产品，总会产生质疑。

要占领用户的心智，就要打破用户对未知产品的质疑和否定，让用户慢慢建立对新产品的认知，将用户对于产品的弱需求变成一种强需求。提高用户心智的强需求之后，然后在宣传产品时，产品卖点才可以打动用户的强需求点，用户会更容易接受我们的产品。

要占领用户心智，满足用户的强需求非常重要。这就需要根据用户的刚需、痛点，进行精准占位。

当谈到加多宝、王老吉、香飘飘、东阿阿胶等品牌时，很多人会把功劳归为定位理论的成功运用——怕上火，喝王老吉；滋补国宝，东阿阿胶。但仅靠定位理论并不能成功抢占用户的心智。心智之门并未因你准确定位就可以打开。

为什么这么说呢？凉茶品类还有和其正、黄振龙、邓老凉茶，同样运用定位理论，同样拥有清晰定位的品牌，却依然没有成功抢占用户心智。

实际上，只靠定位就想实现抢占用户的心智阶梯是做不到的。

定位理论认为，品牌就是某个品类的代表或者说是代表某个品类的名字。建立品牌就是要实现品牌对某个品类的主导，成为某个品类的第一。当消费者一想到要消费某个品类时，立即想到这个品牌，并且制约着人们关注新的品牌信息，我们就说你真正建立了品牌。

心智就好比头脑中的条件反射。为了方便购买，消费者会在心智中形成一个优先选择的品牌序列（产品阶梯），当产生相关需求时，消费者将依序优先选购。一般情况下，消费者总是优先选购阶梯上层的品牌。这时，可以认为品牌在消费者心智中占有某个品类或特性。

比如洗发水，要去屑，当然首选海飞丝；要想让头发柔顺，首选飘柔。怕上火又想要喝凉茶，首选王老吉，王老吉的定位是预防上火，属于功能性定位。如果"怕上火就喝王老吉"抢占了我们的心智，那么当吃火锅担心上火时，第一个反应就是来一罐王老吉，再加上王老吉渠道铺货做得好，抢占了货柜、终端，那么和其正、黄振龙以及邓老凉茶就没有机会了。

然而，真正要抢占用户的心智，光有准确定位及满足刚需、痛点的定位还是远远不够的，没有一定数量级的传播拉近与消费者的距离，增加信任，抢占用户的心智就实现不了。

史玉柱的脑白金广告虽然讨人厌烦，但它精准定位于礼品市场，再加上横扫各大电视台的"今年过节不送礼，要送就送脑白金"的广告画面，让脑白金真正抢占了用户的心智。

不管你是主动接受还是被动接受，脑白金广告已经抢占了你的心智，数量级达标了，与消费者之间的距离就更近。所以在购买保健品时，第一反应肯定是脑白金，不管最终是否购买，脑白金永远洗脑式地占据着心智阶梯。

而占领心智空间的最好方法就是触达。要抢占用户的心智，就要高点占位，进而构建自己的"战略制高点"。在此基础上，企业要善于利用社交媒体进行传播，并迅速占领消费者心智，成为品类首选。任何想绕开一定数量级传播，就能实现抢占用户心智阶梯的想法都是徒劳的。此外，一定数量级的传播能够拉近与消费者的距离，增加信任感，强化巩固用户的心智阶梯。

重构营销——超级粉销

随着移动互联网的快速发展，个体消费者的影响力显著提升，消费者的消费权利和个性得以充分释放，而受日益碎片化的渠道以及资讯入口的影响，用户的注意力也变得愈发分散，难以聚焦。在这样的商业背景下，对于任何一家企业来说要想成功，拥有一批聚焦关注企业品牌的忠实粉丝就显得尤为重要，因此粉丝忠诚度的构建就成了企业竞争中非常重要的一环，企业必须强化粉丝互动。未来的品牌只有两种：有粉丝的品牌和没有粉丝的品牌。显然，没有粉丝的品牌，在竞争中将会非常被动。

粉丝究竟是什么？追星族？消费者？重度消费者？超级用户？公众号订阅者？每个人都有自己的答案。用一句话来定义：粉丝就是支持者，是与你有情感连接的人或者组织。简单地说，粉丝就是认同你的价值观和文化，喜欢你、支持你、追随你，并到处宣扬和赞美你的人。以"人"为本的新商业时代，粉丝无论是对个人还是对企业，无疑都是一笔宝贵的财富。因此，如何获得用户的好感和信任，如何将用户转化为粉丝，就成了许多企业的当务之急。

凯文·凯利有一个 1000 铁杆粉丝原理，即一个艺人只要有 1000 名铁杆粉丝就可以衣食无忧，可见粉丝的贡献力是多么的惊人，可能很多人想象不到微博粉丝 6000 多万的鹿晗，其核心粉丝也就几百人。可这几百人却影响和创造了千万甚至是上亿人的市场规模。同样在营销界也有一批靠粉丝崛起的品牌，比如苹果，小米等。"无粉丝，不品牌"，这是企业不得不去正视的严酷现实。

苹果的核心竞争力，来自遍布全球的果粉们。对于遍布全球的"果粉"来说，每年的 9 月都非同寻常，因为在国内有着"科技界春晚"之称的 iPhone 发布会，总会在这个固定的时间段举行。堪称最有分量的"粉丝节"。而身为 iOS 操作系统的唯一拥有者，苹果从系统底层搭建到硬件设计再到品牌营销，每一个环节都力求精益求精，这种将产品打磨到极致的精神，使得苹果的产品在很长一段时间内都占据业内较高的地位，特别是在诸多的"果粉"心中，苹果的地位是毋庸置疑的，至少短时间内很难被其他同类产品超越和替代。

那么，苹果的庞大粉丝群是如何建立起来的？苹果到底有何魔法让粉丝对自己的品牌产生价值认同，并从中找到归属感，甚至建立一种崇拜，心甘情愿为价格不菲的苹果产品买单呢？这一切归根结底，离不开苹果成功的品牌营销。

为了能够在众多同质化产品中脱颖而出，苹果从诞生之际，便一直追求与众不同的设计和用户情感诉求，为产品赋予产品之外的特殊含义。很多时候，消费者选择苹果并不完全出于对产品本身的喜爱，而是借助购买产品为自己贴上一个差异化的标签，比如：追求年轻时尚的心态，特立独行的性情，或是独特的社会身份等。

而除了和消费者建立情感共识之外，苹果还有一个无往不利的品牌利器——互动体验。苹果不再像工业时代的品牌一样，将消费者当作千人一面、抽象被动的接受者，而是将他们当作异质化的个体，认为他们彼此之间拥有不同特质，会独立思考，并会在社群中分享自己的感受，具有人格化特征，正是基于以上特征，才组成对苹果和乔布斯有共同爱好的群体。

在乔布斯看来，消费者购买产品并不意味着购买过程的结束，是下一次购买过程的开始。因此，苹果注重消费者购买产品之后的 ugc，这种 ugc 将激发更多的外围粉丝关注，从而不断扩展苹果的外围影响层。

在这一点上，苹果社群旗下的 iTunes 音乐商铺就是一个非常经典的案例。

打开 iTunes，让"果粉"最为感动的并非音乐和视频宣传自身，而是其中来自其他用户的各种谈论和感触等信息。在 iTunes 里，当你查询某个艺术家或者某张专辑时，就会在页面较为明显的位置展现出相关的用户评论。同时，还可以轻松了解"听众还购置了"以及一些最新的流行歌曲等信息。显然，其他用户的意见在这里更容易影响你的选择。

苹果经过互动销售"苹果文化"，最终培养了大批忠实、有特性、层次较高的苹果粉丝，而"果粉"最终将苹果推上了巅峰。苹果 2020 年第一财季财报显示，净营收为 918.19 亿美元，同比增长 9%，再次创下苹果公司历史上的新纪录。净利润为 222.36 亿美元，同比增长 11%。无论是营收还是净利润，苹果公司都遥遥领先于其他科技公司，受到财报相关影响，苹果公司市值一度突破 1.4 万亿美元，大大超越了其他品牌，达到手机行业的巅峰，而这就是粉丝的力量。

研究了国外的苹果，我们再来看看国内的小米。小米的成长，得益于粉丝的培育和支持。世界上所有伟大的品牌，都离不开粉丝的持续支持。品牌和消费者的关系直接决定了这个品牌能否长久。比如小米之所以能够取得如此成功，得益于口碑营销和其背后数量巨大的粉丝。可以说，小米品牌的成长就是这些忠实粉丝推动的。在这些粉丝眼里，小米就是"他们的小米"。

谈起小米的成功，雷军说："因为米粉，所以小米"，这让越来越多的人认识到了粉丝群体的重要性。关于粉丝，不能只关注外部粉丝，内部粉丝也很重要！所谓内部粉丝，就是员工。"因为员工，所以米粉"，员工是离品牌、离产品最近的人。

在你不能把员工培养成为粉丝之前，你的粉丝兵团的梦想是不堪一击的。在你不能把员工培养成宣传队、播种机、粉丝标杆之前，你的终极梦想也是苍白无力的。"无员工，不粉丝"，小米非常成功的一点，就是塑造了自己品牌的粉丝文化。

小米将员工培养成粉丝，让粉丝为产品代言，主动去为小米进行宣传，并对其品牌荣誉进行维护。

当然，小米之所以能够取得如此巨大的影响力，也离不开它的"四轮驱动"。除了利益的驱动，还有非常重要的三个驱动：梦想驱动、热爱驱动以及兴趣驱动。小米在每一层驱动上都做得非常到位。

首先，小米的诞生本身就源于其创始人雷军的梦想驱动。从某种意义上讲，做小米就是为了圆雷军的手机梦。而对于小米中高层来说，更多的则是热爱驱动。对于底层员工而言，则是兴趣驱动，兴趣是最强的驱动力，小米的很多基层员工都是小米的粉丝，因为热爱，所以加入。

相信粉丝的力量，重视粉丝资产，接受粉丝赋能，是这个时代走向基业长青的重要途径。这是小米带给我们的启示，也是我们所倡导的超级粉销的观点。

凯文·凯利提出的"1000铁杆粉丝"原理中,"铁杆粉丝"就是具有终身价值的超级粉丝,粉丝思维的目的就是打造顾客终身价值,只不过与传统分众行销等手段相比,粉丝思维更强调顾客与品牌的情感交流,在此基础上的口碑价值是新的营销环境下对顾客终生价值的继承和发扬。

超级链接——私域流量

私域流量,这个词在2019年开始火了起来,但其最早出现在2015年,当时正值淘宝电商时代,很多淘宝品牌商家会在发货时在物流箱里面放置引流小卡片,比如扫码添加微信、好评返现等活动,就是淘宝商家在进行流量私有化的过程。

私域流量是相对于公域流量而言的。在理论上私域流量是任何人都可以接触到的流量,而公域流量属于公共空间,要想让公域流量里面的群体关注你,要么花钱买、要么资源换,公域流量属于大家共有的,不属于你自己。私域流量是属于企业、门店、个人自己的,可以随时、自由、免费使用与触达,沉淀在一定私有空间的流量。

美丽说和京东联合推出了"微选"平台,要用微信生态,帮中小企业打造私域流量池。

私域流量已成为企业运营的新武器。目前依靠微信个人号,能把公司营收做到5000万元以上的,已经超过300家了,连美团、饿了么的外卖代运营公司在每份外卖上都夹一张卡片,写:加老板娘微信领红包返现。如果还没有开始做"私域流量"的企业,现在可以准备布局了。

私域流量的崛起意味着互联网用户管理进入了"精细化"运营时代,这将为互联网行业带来新的发展机遇,吸引不少创业者及资本入局。部分成立时间较早的客户管理系统服务商,顺势推出以私域流量为抓手的产品与服务。

除微信外,短视频也是私域流量的重要阵地。目前,短视频在65岁以下人群中的渗透率达60%,用户每日使用时长超过5小时。2020年短视频营销市场规模超过2500亿元。

随着5G的来临,短视频会重新定义用户、内容、时长以及营销模式,不仅呈现万物皆媒的新形态、更具沉浸感和参与感的新体验,还会重新构建人才体系和行业标准,对短视频内容产生影响。短视频将成为私域流量的优质流量池。

随着线上用户红利出尽,互联网营销成本高成为常态。无论是互联网巨头还是一般中小企业,都需要更精细化的运营来实现降本增效的目的。从用户角度看,新一代消费主力人群的消费需求呈现品质化、社交化、个性化的特点,他们更加注重消费全过程中的体验,精细化的私域运营有利于满足他们的消费需求,营销方也可以借助消费者乐于表达乐于分享的特点实现营销效果最大化。

当前市场供给普遍过剩,多数产品和服务呈现同质化的竞争状态,用户可选择的替代性产品增多。营销服务不再停留在单纯的产品服务信息推广上,而是以用户为核心,更好地满足用户需求,为其提供独特价值,才有可能使企业在激烈的竞争中占据一席之位。提供优质的产品、给予优惠的价格、满足用户个性化需求,都是为用户创造价值的表现,只能这样才能与用户建立良好的关系,也是私域流量运营的关键。

对互联网平台方而言，重视和鼓励营销方发展私域流量能有效盘活平台方的流量，进一步挖掘用户价值，有利于平台更好地实现商业化。

引爆市场——细分冠军

拼多多创立不到三年，就在美国纳斯达克上市，成为仅次于淘宝和京东的第三大电商平台。这是中国近十年来成长最快的电商公司。社交拼团的电商模式，使拼多多异军突起。

特劳特定位认为，品牌就是心智的占领，或者说企业品牌是怎样一个标签，当别人想起同类产品时是否能想起你，因为在消费者的潜意识里同类品牌不会超过3个。现在试着思考下，预防上火的饮料是什么？最安全的汽车是什么？可以治疗牙病的医用牙膏是什么？只有确定品牌唯一性和第一性，才能占领消费者在这个品类上的心智。我们不妨想想如何快速形容出自己的品牌。

互联网就是机会，以前想要成为一个品类的第一，往往要做大量的广告投入，电视媒体广告、视频媒体广告动辄预算过百万元，但如今消费者购买任何产品会首先通过互联网了解产品介绍、品牌信息、品牌口碑。

通过互联网可以快速、低价寻找有效的方法，快速成为某一细分行业的老大。

聚焦细分，做品类杀手！

互联网上存在很多行业，同样也存在很多机会，避开竞争惨烈的红海市场，拼得你死我活，最终把业绩和利润压得越来越低，倒成了替别人赚钱的奴隶，此时没有别的选择，只有转型是唯一的出路。但如果行业不具备转型思维，一直墨守成规，早晚会被淘汰！

目前还有很多的机会，互联网＋传统企业，传统企业＋互联网，每个细分的赛道都值得把握，尤其是作为业内人士，只要你的行业经验与互联网相结合，产生的威力将是巨大的。

细分品类冠军如何打造？凡做大事者，必须具备一些魄力和格局，不思进取者，胆小者，都不适合踏进转型的大部队，做细分品牌要懂得取舍，学会放下，要聚焦，在原有的积累上做聚焦。如果企业具备了这些基本素质，便具备了打造细分品类的先天基因。

【案例】耐克数字化高点战略

耐克公布的最新财报显示，截至 2021 年 8 月 31 日，第一财季营收约为 122 亿美元，较上年同期增长 16%，其中耐克品牌直销销售额为 47 亿美元，同比增长 28%，数字销售额增长 29%。

而 2019 年第一季度，耐克全球营收同比增长 7%，达到 107 亿美元，高于市场预期。毛利率由上年同期的 44.2% 增长到 45.7%，净利润同比增长 25%，达 13.67 亿美元，主要得益于销售额和 DTC 业务的增长。大中华地区表现亮眼，连续五年实现双位数增长，同比增长 22%，达 16.8 亿美元（约合 120 亿元人民币），在不计入汇率变动的影响下，增长为 27%。数字化战略卓有成效，电商业务同比增长42%，主要来自于数字化服务的增强和App生态系统的开发。女士内衣和紧身裤销量表现突出，儿童业务实现双位数增长，未来女性和儿童市场会是耐克新的增长点。

按地区来看，北美地区营收同比增长3.6%，达42.9亿美元，欧洲、中东非洲三个地区营收同比增长6.4%，达27.7亿美元，大中华地区营收增长27%，达到16.8亿美元。品牌星球算了一下，耐克这个季度全球增加了约7亿美元，3亿美元来自大中华地区。

连续五年的时间，耐克在大中华地区达到了双位数的增长。2017和2018年，耐克在天猫双十一当天的销售额都超过了10亿元。

耐克的数字化创新

随着数字和模拟世界不断融合，消费者在网上花费的时间和金钱越来越多，数字战略需要超越网站优化和营销，开始关注设计开发和产品本身。

耐克作为全球运动产品的领导品牌，始终保持前瞻性规划与布局，为迎合市场以及公司发展需求，2016年成立全新的部门数字创新公工作室DigitalInnovationStudio。

位于纽约曼哈顿城的Nike数字创新公工作室（DIS），是Nike运动鞋App开发的创新实验室。DIS的使命是专注于Nike数字产品的开发，发展移动体验社区和有吸引力的用户体验。

2018年11月，"耐克纽约000"在国际大牌聚集地纽约第五大道开张。这是继"耐克上海001"在10月初开张之后，全球第二家"创新之家(HouseofInnovation)"概念旗舰店正式开业。这一概念店的核心是由数字化驱动的体育零售创新、设计和个性化服务，通过体验式环境设计，集数字化和线下服务于一体。

"耐克纽约000"是一家全品类旗舰店，总共拥有6层空间，占地6.8万平方英尺。首层被称为NikeSpeedShop，能让消费者快速挑选出最喜爱的商品。与洛杉矶"NikeLive"新概念店相似，根据线上销售数据，耐克自动识别出当地消费者最喜爱的产品，并在店内大量陈列这些商品。第二层为NikeArena，向消费者展示品牌在不同季节的主打产品。

此外，店内还有女性、男性和儿童产品区，运动鞋创新实验室，以及NikeExpertStudio——NikePlus会员可以在此区域预约"一对一"的个性化定制服务。

在数字化方面，消费者可以通过耐克应用程序，扫描人体模型和服装上的二维码，配对尺寸和颜色。随后，货物会被直接发送到试衣间或取货点，顾客在购物时无须携带衣物。另外，耐克在付款方面还做出创新——店内没有设置收银台，消费者可以在店员的帮助下，在商店的任何位置完成结账。

耐克引领零售和体育创新，也在重新定义体育零售的未来，打通数字和线下零售服务，对于提供无缝连接的个性化消费者体验至关重要。

2018年10月份，全球首家"耐克上海001"在上海南京东路的世茂广场开业。占据4层，3822平方米，取名001的上海店开业在000纽约第五大道店之前，这是耐克对旗舰店形式的最新尝试。地下一层是跨越四层的LED数码柱和地面数字屏幕。这里是"核心中场"，从某种程度上来说是个交互游戏区，消费者可以通过红外感应，完成触地跳跃、极速快步、敏捷折返三项挑战，同时这也是产品体验区，跳跃和急转等动作可以测试鞋类产品性能，与RunGenie跑步测试机提供了类似的功能。

"核心中场"的设计灵感源于耐克HOUSEOFINNOVATION所表达的全新的品牌概念和零售概念，即通过全新的门店体验，将品牌在产品研发和创新过程中闪光点还原给消费者。

同时，NSRL（Nike Sportresea Rch Lab）的数据实验和人体量化工程理念，也为StudioNOWHERE团队提供了创作的线索。该设计项目旨在将品牌方一直致力于帮助运动员挖掘自身潜力的初心再次呈现。

而在核心中场四周，则是男子区域，包括NBAPack、NikeTechPack和Jordan等。不论是男子还是儿童区域，上海001的产品规划不仅跨品类跨功能，而且跨风格。耐克这样的设置是希望为消费者的造型提供灵感。

为了实现线上预约和进一步数字化，耐克在2018年9月21日上线官方微信小程序。提供会员商店、最新潮流和我的账户三个功能。通过这个入口，会员可以预约上述两项服务。

耐克还在中国发布了SNKRSPASS，为消费者提供预定、购买及收藏爆款球鞋的服务。这也对应着三层的另一个区域——耐克鞋会，一个汇聚耐克跨品类爆款球鞋的区域。

从某种程度上来说，不论是会员还是球鞋爱好者，三层满足的都是耐克最忠实顾客的需求，上海001也将成为他们的一个线下聚集地。

除此之外，上海001也是耐克首家全面采用移动支付的店铺，店员将使用移动POS快速为消费者完成付款。

2017年6月，耐克曾宣布把注意力集中在全球12个重点城市——纽约、伦敦、上海、北京、洛杉矶、东京、巴黎、柏林、墨西哥城、巴塞罗那、首尔和米兰。美国品牌将这些城市视为未来最关键的增速机遇地，预期到2020年，它们将占全球业务的80%。

这一全新概念店的部署将延续"12大重点城市"战略，推动这些关键市场的数字化布局，并完成业绩增长的最终目标。

数字化转型让耐克从如何连接消费者转变为如何交付产品，这是从过去的运营模式到未来数字化模式的重要转变，这为耐克的持续发展奠定基础。

数字化战略的核心——会员

数字化战略的转型是耐克营收增长的另一大推动力。2017年耐克开启的一个名为 Consumer Direct Offense 的项目，以数字化和 DTC 为主要策略，目标在于加强消费者联系，创造更好的个性化用户体验。

耐克在数字化转型方面的举措有以下几点：

1. 加强会员，提供个性化服务

会员是数字化战略的核心内容，基于个人登记的会员信息，耐克可以提供到更个性化的服务和产品体验，和消费者建立更加紧密的关系。

耐克50%的电商增长是来自于会员。过去三年中，耐克 App 移动端活跃会员数量增加了两倍。

2019年5月，耐克推出了一款新的移动应用 NikeFit，它能够通过3D扫描的功能，准确预测消费者要购买多大尺寸的鞋，而使用这个 App，你唯一需要做的就是注册成为它的会员。

目前耐克主要的两大移动应用程序 NikeApp 和 SNKRSAPP 已在20多个国家启动，2020年第二季度末，耐克在中国市场上线了 NikeApp。

NikePlus 以运动为核心，通过用户数据分析，向消费者推荐合适的产品，并尝试融入各种线下运动场景，对已有会员进行精细化运营。

在国内，耐克还将 NikePlus 会员通过微信小程序和天猫绑定。目前，耐克天猫旗舰店粉丝已经突破 2100 万。2017 年 11 月，耐克分别位于上海和杭州的自营零售店试行接入阿里的新 iStore，消费者可在线下商店通过移动支付直接成为耐克天猫旗舰店会员。

2. 强化数字零售体验

Nike 和 FootLocker 合作，在美国纽约市先行试水。

耐克在数字化战略基础上，强化和线下零售体验的结合。

一个有代表性的例子是耐克和美国最大的球鞋零售商 FootLocker 合作，消费者在 FootLocker 店内也同样可以使用 NikeApp。

这是耐克首次把自有的移动数字端服务开放给零售商。消费者注册成为会员后，在 FootLocker 购买耐克产品，可直接在 App 端付款，查询商品是否到货，或是否有机会购买限量球鞋。接下来会和更多 FootLocker 门店合作，开放 NikeApp 移动端的服务。在中国市场，类似的功能则是通过微信端来实现，消费者可通过微信端查询到附近耐克门店的商品存货情况。

3. 通过收购数字技术公司完善用户体验

为确保个性化的体验，耐克先后收购了以色列计算机视觉公司 Invertex 和零售 AI 平台 Celect。2019 年 5 月上线的移动应用 NikeFit 就是和与 Invertex 合作的产物。

数字技术的收购加速了耐克在数字化上的转型。像 Celect 平台，能更好地预测消费者想要什么款式的运动鞋和服装，并了解他们想什么时候买，想从哪里买，耐克表示未来还会加大在此方面的投资。

为完善用户体验，越来越多的父母尝试在 NikeApp 移动端购买产品，这促使耐克在数字端采取行动，想办法让父母开始在 NikeApp 为自己的孩子购买产品。2019 年 8 月，Nike 推出了首个童鞋订阅服务

NikeAdventureClub，该服务针对 4~7 岁儿童，有 100 多种耐克或匡威的鞋款供选择，每月支付 20~50 美元，一年可选 4~12 双鞋。

【案例】四季沐歌"品牌高点"

四季沐歌基于用户年轻化、网络化的趋势，深入挖掘品牌内涵，用心感知消费群体需求，针对 25~25 岁年轻人群，特别是备婚家装人群，在四季沐歌成为 2015 米兰世博会中国馆指定用品供应商的背景下，进行了一场精准化营销，占据了"品牌制高点"，极具学习价值。

最牛"恩爱秀"

2015 年 5 月 13 日，四季沐歌在意大利驻华大使馆举行了签约意大利设计师发布会暨米兰世博浪漫之旅启动仪式。

意大利驻华大使馆参赞、中国国际贸易促进会世博会项目官员、意大利国家旅游局中国代表处官员，微博、新浪财经、百度、世纪佳缘、凯撒旅游、滴滴打车等四季沐歌的合作伙伴莅临发布现场，见证了这一时刻。

以 2015 米兰世博会为契机，四季沐歌通过线上线下活动，全网征集年轻情侣的浪漫爱情瞬间，并票选情侣游米兰。活动开展后，引发了全国过亿网友的参与，参与量过百万次，并逐渐演变成了一场"网络秀恩爱大赛"。

这次营销活动中，参与的网友们纷纷在活动平台上秀出和另一半的各种亲密瞬间，拼甜蜜、拼颜值、拼创意、拼动作，大展拳脚，网民全网"秀恩爱"！

四季沐歌发起的这场"网络秀恩爱大赛"活动，能够迅速获得过亿网友关注，一是因为融合线上线下的"互联网+"模式；二是以网民喜爱的"秀恩爱"玩法为载体，在简单易操作的微信平台上进行。这体现了四季沐歌对互联网趣味、年轻人玩法的精准理解与把握。

此次米兰世博浪漫之旅，四季沐歌通过线上线下渠道，全网征集最浪漫的爱情瞬间，组成百人浪漫世博旅游团，从上海世博馆出发，直通米兰世博。除了领略米兰世博的魅力以外，还见证了纯正的教堂婚礼，并在米兰和佛罗伦萨城拍摄了婚纱大片！

开启国际化战略布局

在世博会这个世界级的舞台上，要想从众多知名品牌中脱颖而出，可谓难上加难。四季沐歌凭借其领先的技术、优良的品质、健全的质量检测体系、完善的售后服务和良好的口碑，成为2015年意大利米兰世博会中国馆指定用品供应商，证明了其自身的实力。

从技术层面来看，四季沐歌运用航天级净水技术，开发出15大系列128种规格的净水产品，而航天水处理技术是目前世界上最尖端的净水科技之一。

在"互联网+"的热潮下，传统企业纷纷踏上触网转型之路，而四季沐歌却独辟蹊径，通过与意大利著名设计公司PLUSOUT及意大利新锐设计师的合作，来提升四季沐歌的国际化品牌形象，为四季沐歌产品注入了时尚、潮流的元素，增加了企业竞争力和产品附加值。四季沐歌认为，在"互联网+"热潮下，公司要从单一的太阳能产业向多元化发展，而不是只局限于过去的积累。跨界思维、全球化视野，都是企业创新所必备的要求。

对于选择跟意大利设计师 Santi Musmeci 合作，四季沐歌认为，首先是理念的高度契合，四季沐歌品牌发展的方向是国际化、年轻化、时尚和社交化，追求与国际同步的产品设计水准，追求前沿时尚的设计美学，同时追求产品格调与用户心理的共鸣。当前国际化的趋势越来越明显，各国文化的融会贯通、相互交流是未来的趋势，中国的消费者也越来越具有全球化的审美情趣。因此，作为中国企业，更应该放眼全球，了解国际流行文化和趋势，生产出满足消费者更高需求的产品。

随着生活水平的提高，人们不仅需要科技带来产品物理、功能的享受，更需要产品带来精神愉悦，而卓越的设计为产品注入了文化、艺术内涵，通过符合消费者心理需求的产品外观、色彩、造型、功能，不断满足消费需求，激发消费者内心的情感认同，是更高层次的营销。来自意大利的两位时尚新锐设计师，给四季沐歌带来了全新的设计理念，也更好地满足了消费者的情感需求。

参考文献

[1] 陈春花,《危机自救：企业逆境生存之道》,机械工业出版社,2020年版。

[2] 杨飞,《流量池》,中信出版集团,2018年版。

[3] W.钱·金、勒妮·莫博涅,《蓝海战略（扩展版）》,商务印书馆,2016年版。

[4] 韩志辉、雍雅君,《价值再造：无限度竞争时代品牌制胜法则》,清华大学出版社,2017年版。

[5] 吴声,《超级IP：互联网新物种方法论》,中信出版集团,2016年版。

[6] 菲利浦·科特勒,《营销革命4.0：从传统到数字》,机械工业出版社,2018年版。

[7] 丁丁,《深度粉销》,人民邮电出版社,2018年版。

[8] 叶明桂,《如何把产品打造成有生命的品牌》,中信出版集团,2018年版。

[9] 陈春花,《冬天的作为：企业如何逆境增长（修订版）》,机械工业出版社2016版。

[10] 知萌咨询:《2020中国消费趋势报告》《2018中国消费趋势报告》。

[11] 泽平宏观（微信公众号）：《特斯拉研究报告》。

[12] 艾尔·里斯，杰克·特劳特：《定位》，机械工业出版社，2013年版。

[13] 艾尔·里斯，杰克·特劳特，《营销战》，中国财政经济出版社，2002年版。

[14] 艾尔·里斯，杰克·特劳特，《定位》，中国财政经济出版社，2002年版。

[15] 迈克尔·波特，《竞争战略》，陈小悦译，华夏出版社，2005年版。

[16] 任学锋，《高新技术企业产品战略管理》，天津大学出版社，2000年版。

[17] 刘冀生，《企业经营战略》，清华大学出版社，2002年版。

[18] 菲利浦·科特勒、加里·阿姆斯特朗，《市场营销原理》第11版，清华大学出版社，2009年5月第1版。唐·舒尔茨，《营销到底怎样整合》《科技智囊》，2008年12月刊。

[19] 迈克尔·A.希勒、R.杜安爱尔兰、罗伯特·E.霍斯基森，《战略管理——概念与案例》第8版，中国人民大学出版社，2009年6月第1版。

[20] 顾春梅，《新编市场营销学》，浙江工商大学出版社，2009年8月第1版。

[21] 小威廉·D.佩罗，《市场营销学基础》，中国财政经济出版社，2004年第9版。

[22] 路易斯E.布恩，《当代市场营销学》，机械工业出版社，2005年第11版。

[23] 谢尔比·D.亨特，《市场营销学理论基础》，上海财经大学出版社，2006年版。

[24] 唐德才等主编,《现代市场营销学教程》,清华大学出版社,2009年第1版。

[25] 王方华主编,《市场营销学》,上海人民出版社,2007年第1版。

[26] 杨建华编著,《广告学》,暨南大学出版社,2010年版。

[27] 杨兴国,《品牌划谋》,经济管理出版社,2008年版。

[28] 孙晓强,《品牌资产提升策略——品牌代言人视角下的理论与案例》,经济科学出版社,2009年第1版。

[29] 柏唯良,《细节营销》,机械工业出版社,2009年第2版。

[30] 格里菲斯,《低成本快营销——针对中小企业的101个实效营销创意》,企业管理出版社,2008年第1版。

[31] 罗森布洛姆,《营销渠道管理的视野》,中国人民大学出版社,2006年第7版。

[32] 菲利浦·科特勒:《市场营销原理》,中国人民大学出版社,2010年第13版。

[33] 颜卉、刘予,《蒂芙尼的"全渠道营销"逆袭》,《清华管理评论》,2019年4月刊。

[34] 郑晓明,赵子倩,《海底捞:另类阿米巴》,《清华管理评论》,2018年11月刊。